Martin Oberbauer

Aktivurlaub fürs Gehirn
Knobel-Reisen auf 10 Inseln

MARTIN OBERBAUER

Aktivurlaub fürs Gehirn

Knobel-Reisen auf

10 Inseln

Mit **150** Trainingsaufgaben

Herbig

Mein Dank gilt allen, die an der Entstehung dieses Buches
mitgewirkt haben,
ganz besonders Clemens Hausmann,
Sandra Kulhay, Daniela Brückner-Diesner, Christa Wieland,
Christoph Hofer und Carmen Sippl.

Besuchen Sie uns im Internet unter
www.herbig-verlag.de

Gedruckt auf chlorfrei gebleichtem Papier

© 2008 F.A. Herbig Verlagsbuchhandlung GmbH, München
Alle Rechte vorbehalten
Umschlaggestaltung: Wolfgang Heinzel
Umschlagmotiv und Illustrationen: www.chilidesign.at
Satz und Herstellung: VerlagsService Dr. Helmut Neuberger
& Karl Schaumann GmbH, Heimstetten
Gesetzt aus der 10,5/14 Punkt Utopia
Druck und Binden: Těšínská Tiskárna, a. s., Český Těšín
Printed in the Czech Republic
ISBN 978-3-7766-2563-9

Inhalt

Vorwort 6

Einleitung 7

   1. Die Leistungsbereiche des Gehirns 7

   2. Trainingsempfehlungen 12

Training

   1. Der Stier des Minos 13

   2. Die grüne Insel 25

   3. Feuerberge 35

   4. Von Meer zu Meer 47

   5. Von Rittern und Briten 57

   6. Die Pfote des Luchses 69

   7. Dreieck mit Vulkan 79

   8. Schwedens Sonneninsel 91

   9. Blume des Ozeans 101

   10. Die Rose und der springende Hirsch 111

Lebensstil und Gehirnleistung 123

Literaturtipps 126

Vorwort

Liebe Leserin, lieber Leser,

was bedeutet für Sie »Urlaub«? Welche Erwartungen verbinden Sie damit? Dem Alltag entfliehen, auf andere Gedanken kommen, Neues kennenlernen, entspannen, genießen, sich selbst die Zeit einteilen können …

Wer aber den Urlaub ausschließlich mit Faulenzen und Nichtstun verbringt, beeinflusst die Leistungsfähigkeit des Gehirns negativ. Laut Ergebnissen einer Studie von Prof. Siegfried Lehrl von der Universität Erlangen sinkt der Intelligenzquotient nach nur fünf passiven »Faulenzertagen« durchschnittlich um fünf Punkte, nach drei Wochen um bis zu 20 Punkte. Und auch die Gedächtnisleistung verringert sich.

Während Langeweile und Passivität im Urlaub zu einer verringerten Leistung des Gehirns führen, bewirken abwechslungsreiche und anregende Aktivitäten, dass das Gehirn in Schwung bleibt. Ein Aktivurlaub, in angemessener Weise mit Erholungsphasen kombiniert, fördert die körperliche und geistige Fitness, baut Reserven auf und erhöht die Leistungsfähigkeit des gesamten Organismus.

Dieses Buch bietet Ihnen einen »Aktivurlaub« der besonderen Art, indem es über 150 Trainingsaufgaben für das Gehirn mit Geschichten kombiniert, die sich auf zehn europäischen Inseln zutragen. Zum Abschluss erhalten Sie Hinweise, wie ein förderlicher Lebensstil die Leistung Ihres Gehirns steigern kann.

Ich wünsche Ihnen eine »gute Reise« und viel Vergnügen beim Trainieren Ihrer geistigen Fitness!

Martin Oberbauer

Einleitung

Die Aufgaben in diesem Buch trainieren alle wichtigen geistigen Funktionen. Der Schwierigkeitsgrad einer Übung wird durch Sterne neben der Überschrift bezeichnet. Daneben zeigt ein Symbolbild die Gehirnleistung an, welche bei der jeweiligen Aufgabe am meisten angeregt wird.

Die Überschrift zu Aufgabe 1 des ersten Trainingskapitels lautet zum Beispiel:

1. Die Weißen Berge *

* bedeutet »Schwierigkeitsgrad leicht« und besagt, dass diese Übung speziell die Wahrnehmungsgeschwindigkeit trainiert.
Die Kürzel finden Sie bei den folgenden Erklärungen zu den Leistungsbereichen des Gehirns angegeben und auf den Seiten 11 und 12 im Überblick dargestellt.

Alle Trainingsaufgaben (außer den Bewegungsübungen) sind einem von vier Schwierigkeitsgraden zugeordnet:

*   … leicht
**   … mittel
***   … schwer
*** ⚡ … besonders knifflig

Sehen Sie die Schwierigkeitsgrade bitte nicht als absolute Einstufung an. Wahrscheinlich haben Sie gewisse Vorlieben und bestimmte Aufgabenbereiche fallen Ihnen leichter als andere. Setzen Sie sich nicht unter Druck, wenn manche Lösung nicht gleich oder vielleicht gar nicht gelingt. Schon das bloße Bemühen um eine Lösung aktiviert das Gehirn und steigert seine Leistungsfähigkeit.

1. Die Leistungsbereiche des Gehirns

In jedem Trainingskapitel finden Sie eine Aufgabe, bei der Sie zu körperlicher Bewegung aufgefordert werden. Bitte lassen Sie diese **Bewegungs- oder Koordinationsaufgaben** möglichst nicht aus, denn sie fördern die Gehirndurchblutung und erhöhen die Wirksamkeit der übrigen Trainingsaufgaben.

a. **Die Grundlage: Konzentration**
Unsere Konzentrationsfähigkeit ist einem Akku vergleichbar, der mehr oder weniger stark aufgeladen ist. Dieser Akku liefert die Energie für die Informationsverarbeitung im Gehirn. Seine Ladung wird beeinflusst durch die vorherige Arbeitsdauer und -belastung, durch die Arbeitsbedingungen und die Motivation sowie durch die Einstellung zu und das Interesse an einer Aufgabe.

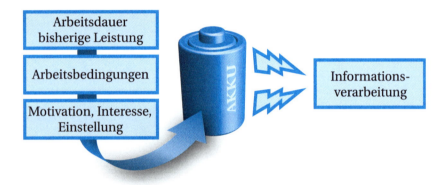

Am besten können wir uns demnach konzentrieren, wenn wir ausgeruht und entspannt in einer ruhigen und störungsfreien Umgebung an eine Aufgabe herangehen, die uns interessiert, die wir für wichtig halten oder von der wir uns einen Nutzen erwarten. Die Konzentrationsleistung wird bei den einzelnen Aufgaben nicht speziell hervorgehoben, weil Sie sie als »Hintergrundleistung« permanent aktivieren, wenn Sie sich dem Training widmen.

b. **Wahrnehmungsgeschwindigkeit**
Hiermit ist die Fähigkeit gemeint, Details rasch zu erkennen und optisches Material schnell zu vergleichen und zu identifizieren. Dabei geht es auch darum, rasch Unterschiede oder Gemeinsamkeiten zu erkennen.

Einleitung **9**

c. Visuomotorik
Diese Gehirnleistung umfasst sowohl die funktionierende optische Wahrnehmung als auch eine entsprechende Hand-Augen-Koordination, wie z. B. beim Nachzeichnen komplexer Muster.

d. Flexibilität
Mit diesem Begriff ist gemeint, wie schnell wir imstande sind, geistig »umzuschalten«, d. h. uns auf wechselnde geistige Anforderungen rasch einzustellen.

e. Gedächtnis
Nach der zeitlichen Abfolge der Speicherung von Informationen unterscheiden wir folgende Gedächtnisspeicher:

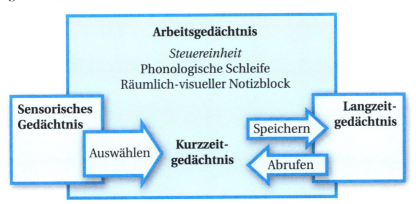

Im **Sensorischen Gedächtnis** bleiben die unmittelbaren Sinneseindrücke (sehr viele Informationen) ein paar Sekunden erhalten. Das **Arbeitsgedächtnis** wählt aus, welche davon wichtig sind und weiter bearbeitet werden sollen. Wir bewahren die ausgewählten Informationen bis zu ein paar Minuten lang im **Kurzzeitge-** **dächtnis** auf, indem wir sie entweder mit unserer inneren Stimme wiederholen oder als optische Notiz vor unserem geistigen Auge festhalten. Wenn eine Information für wichtig gehalten wird, dann vollzieht das Arbeitsgedächtnis auch die Speicherung im **Langzeitgedächtnis** bzw. den Abruf bei Bedarf.

Je nach den im Langzeitgedächtnis abgelegten Inhalten
können wir folgende Bereiche
unterscheiden:

- Das **episodische Gedächtnis**
  enthält Erinnerungen aus
  unserem Leben (wichtige
  Ereignisse, persönliche Erlebnisse, …).
- Im **Wissensgedächtnis** orga-
  nisieren wir unser gesam-
  meltes Wissen über die Welt
  (Fakten, Daten, Zahlen, …).
- Unter **beiläufigem Gedächtnis** schließlich verstehen wir
  die unwillkürliche, unbeab-
  sichtigte Speicherung von
  Informationen.

f. Sprachgebundenes Denken

Das Training des sprachge-
bundenen Denkens zielt auf
folgende Funktionsbereiche
ab:

- **Wortflüssigkeit**
  Unter Wortflüssigkeit ver-
  steht man die rasche, asso-
  ziative Produktion von Wör-
  tern. Gerade die Geschwindigkeit ist es oft, die uns fehlt,
  wenn wir nach einem Wort
  suchen.

- **Wortfindung**
  Bei dieser Leistung des Gehirns geht es darum, Wörter
  zu produzieren, die zu einer
  bestimmten Ausgangssitua-
  tion passen. Hier ist der Zugriff
  auf unseren Wortschatz, das
  Abrufen von vorhandenem
  Wortwissen wesentlich.

- **Wortverständnis**
  Dies ist die Fähigkeit, Wörter
  und ihre Bedeutung zu kennen und sie im Sprachge-
  brauch richtig einzusetzen.

- **Satzverständnis**
  Die Fähigkeit, Sätze grammatikalisch richtig aufzubauen,
  erlernen wir von Kindheit an.
  Wir eignen uns Wissen an, wo
  einzelne Satzteile positioniert
  werden müssen und wie sich
  die Satzstellung ändert, wenn
  ein Satz zu einem Nebensatz
  wird oder wenn wir eine
  Frage formulieren.

- **Textverständnis**
  Texte vermitteln Bedeutungs-
  zusammenhänge, indem die
  Sätze in der entsprechend
  passenden Reihenfolge ange-
  ordnet sind. Beim Lesen geht
  es darum, diese Zusammenhänge zu verstehen.

Einleitung

g. Zahlengebundenes Denken
Die elementare Anwendung der Grundrechnungsarten gehört hier ebenso dazu wie das Erfassen mathematischer Zusammenhänge.

h. Räumlich-figurales Denken
Dieser Leistungsbereich umfasst die Raumvorstellung und die Orientierung im Raum sowie das Erkennen von Objekten unter verschiedenen Perspektiven.

i. Logisches Denken
Hierbei geht es um das Erkennen und Anwenden von Regeln in einer Abfolge von Zahlen, Bildern oder Symbolen. Auch das formal-logische Schlussfolgern gehört zu diesem Bereich.

j. Kreativität
Diese geistige Fertigkeit umfasst die flexible und originelle Ideenproduktion. Dabei stehen Einfallsreichtum und das Finden neuer Lösungen aus vorgegebenem Material im Vordergrund. Manche Menschen sind überzeugt, sie seien nicht kreativ. Doch oft hilft es schon, etwas weniger strenge Maßstäbe an sich anzulegen, und schon gelingen wunderbare Einfälle. In diesem Buch geht es bei Kreativitätsaufgaben nicht um definierte Ergebnisse. Sie können also Ihrer Fantasie freien Lauf lassen, ohne sich über die Qualität der Ergebnisse Gedanken zu machen.

k. Imagination, Vorstellungskraft
Damit ist unsere Fähigkeit gemeint, innere Bilder zu erzeugen und miteinander in Verbindung zu bringen. Sie ist eine wesentliche Voraussetzung für die Anwendung von Merktechniken.

Folgende Symbolbilder bezeichnen die Leistungsbereiche des Gehirns, die mit der jeweiligen Aufgabe vorrangig trainiert werden:

 Wahrnehmungsgeschwindigkeit

 Visuomotorik

 Geistige Flexibilität

 Gedächtnis

Sprachgebundenes Denken

 Zahlengebundenes Denken

 Räumlich-figurales Denken

 Logisches Denken

 Kreativität

 Imagination, Vorstellungskraft

2. Trainingsempfehlungen

Schaffen Sie sich möglichst störungsfreie Trainingsbedingungen und wählen Sie eine Trainingszeit, in der Sie weder müde noch durch unerledigte Alltagstätigkeiten belastet sind. Machen Sie nicht zu viele Kapitel auf einmal. Ein Kapitel pro Tag kann genügen. Achten Sie jedoch darauf, regelmäßig zu üben (zumindest ein Kapitel pro Woche).

Gestalten Sie die Abfolge der Kapitel je nach Ihrem persönlichen Interesse. Wie viel Zeit Sie für ein Kapitel benötigen, hängt von der Länge des Kapitels, Ihrem Eifer, Ihrer Sorgfalt, Ihrer Geschwindigkeit und dem Schwierigkeitsgrad der Aufgaben ab. Nehmen Sie sich die Zeit, die Sie brauchen. Es gibt dafür keine Zielvorgaben.

1. Der Stier des Minos

Ziegen duckten sich am Straßenrand unter rot blühende Oleandersträucher oder suchten in kleinen Nischen in der Straßenböschung Zuflucht vor der sengenden Sonne. Graue Netze lagen ausgebreitet unter Olivenbäumen. Der weiße Jeep, mit dem Arthur Vanes auf einer schmalen Straße an der Südküste Kretas unterwegs war, hatte keine Klimaanlage. Doch das Verdeck war offen. Der Fahrtwind brachte etwas Kühlung und Vanes roch den Salbei, der am Straßenrand wuchs. Er war vor zwei Stunden von Chania auf der Schnellstraße nach Osten aufgebrochen, bei Vrisses auf eine Verbindungsstraße abgezweigt und mitten durch die Weißen Berge nach Süden gefahren. Eine Woche hatte sich der Chefkoch des Restaurants »Europa« in Hamburg Urlaub genommen, um sich hier im Südwesten Kretas zu erholen, fernab von Hauben, Sternen und sonstigen Auszeichnungen und weit weg von Fusion- und Crossover-Küche. Es war ein Uhr nachmittags. Er wurde allmählich hungrig. Bei dem Gedanken an einen einfachen Teller mit Schafskäse, Oliven und Weißbrot spürte er, wie der Stress der letzten Wochen langsam nachließ.

1. Die Weißen Berge * ☀W

Die Lefká Orí, die Weißen Berge, sind neben dem Ida-Gebirge in Zentralkreta die größte Bergregion Kretas mit mehr als dreißig Gipfeln über 2000 Metern und dem zweithöchsten Berg der Insel, dem Páchnes (2452 m).

Der folgende Text enthält sechs Mal die Buchstabenfolge B-E-R-G-E. Eine davon ist markiert. Finden Sie nun rasch alle übrigen:

Vanes fuhr weiter ostwärts, a**ber ge**gen 13.30 Uhr fragte er sich, ob er genug Benzin im Tank hatte, um noch bis nach Plakiás zu kommen. Nichts hätte er jetzt lieber gemacht, als an einer Tankstelle anzuhalten, aber gerade hier gab es längere Zeit keine. Auch sein Hunger wuchs schon über gewisse erträgliche Grenzen hinaus und er fragte sich, ob er gerne hungrig mit leerem Tank in der prallen Sonne auf Hilfe warten würde. Als Antwort hielt er gleich im nächsten Ort namens Káto Rodákino an und stellte den Jeep vor einer Taverne ab. Er stieg aus, streckte sich und schüttelte die nach der langen Fahrt etwas steifen Beine.

2. In Bewegung bringen

Stehen Sie nun auf und gehen Sie auf der Stelle. Strecken Sie beim dritten Schritt beide Arme in Schulterhöhe seitlich vom Körper weg, dann (beim nächsten dritten Schritt) parallel vor der Brust nach vorne und schließlich (wiederum beim dritten Schritt) parallel über den Kopf nach oben. Drei Schritte später strecken Sie die Arme wieder seitlich weg usw. Wiederholen Sie diese Übung zehnmal und schütteln Sie anschließend Arme und Beine etwa eine Minute lang kräftig aus.

Vanes durchquerte die Gaststube, trat auf eine mit Schilfmatten überdachte Terrasse hinaus und setzte sich an einen Holztisch mit Ausblick auf das Meer.

1. Der Stier des Minos   **15**

3. In der Taverne ** ☼K

Drei Tische von ihm entfernt saßen zwei braungebrannte
Frauen im Alter von etwa 25 Jahren einander gegenüber und
hatten eine Landkarte auf dem Tisch ausgebreitet. Auf dem
weißen T-Shirt der Frau, die mit dem Rücken zu Vanes saß,
las er in schwarzer Schrift »berühren verboten« und das
blaue T-Shirt der anderen trug die rote Aufschrift »piraten«.
In dem Moment, als Vanes zu ihnen hinschaute, begann die
Frau im blauen T-Shirt, die Karte in kleine Stücke zu reißen.

Was könnte die Frau zu diesem Verhalten bewogen haben? Finden
Sie mindestens drei mögliche Ursachen dafür:

_____

_____

_____

_____

Auch die alte, schwarz gekleidete Frau, die jetzt auf Vanes
zukam, hatte die beiden Frauen beobachtet. Mit einer kurzen
Kopfbewegung in deren Richtung sagte sie verärgert etwas
auf Griechisch zu ihm, was er mit einem verständnislosen
Blick, aber freundlichen Lächeln beantwortete. Sie merkte
sofort, dass er sie nicht verstanden hatte, und fragte: »Drink?«
»Water«, erwiderte er und zeigte ihr mit beiden Händen die
Größe der gewünschten Flasche. »Eat?«, fragte sie und führte
eine Hand zum Mund. Er nickte und sie schlurfte davon.
Kurz darauf kam sie mit dem Wasser, einem Glas und der
Speisekarte zurück.

16   1. Der Stier des Minos

Vanes bestellte ein Tsatsíki und einen Bauernsalat und stellte sich dabei Tomaten, Gurken, Zwiebeln, Schafskäse und Oliven vor, mit Salz und Oregano gewürzt und nur mit Olivenöl mariniert.

4. Tsatsíki ***

Die Wirtin brachte ihm zuerst das Tsatsíki, cremigen Joghurt mit Gurkenstreifen und Knoblauch, übergossen mit Olivenöl und verziert mit einer Olive, die mitten im Joghurt steckte, und dazu einen Korb mit dicken Scheiben frischen Weißbrots.

Finden Sie mindestens sechs Eigenschaftswörter, die ein Z und zwei I enthalten (wobei die Position der Buchstaben beliebig ist):

_____

_____

_____

Er tauchte ein Stück Brot in das Tsatsíki und kostete. Es war angenehm kühl und schmeckte so einfach und gut, dass Vanes einen Moment die Augen schloss und tief einatmete. Als die Wirtin erneut kam und ihm den Salat hinstellte, dachte er an das »Europa« und an die vielen Köche und Kellner dort, an die komplizierten Rezepte und die Auswahl der Lieferanten, an die Restaurantkritiker und Hygienebestimmungen. Und er freute sich, mehr als zweitausend Kilometer davon entfernt zu sein.

5. Bauernsalat *

Streichen Sie so rasch wie möglich alle Buchstaben, die im Wort SALAT vorkommen:

DGSJAKLAHGTSGABNSKILSHDTSHAOPTRALDSDFCSXD
FLGHSUZTEPLDJSAUTGBYDLSJDFLEHFTRWASDFHJAJTDI

1. Der Stier des Minos **17**

Während er aß, lenkte er sich von den Gedanken an sein Restaurant ab, indem er sich die Sage von Europa, der phönizischen Prinzessin, in Erinnerung rief.

6. Prinzessin Europa **

Im folgenden Text sind alle Worte umgedreht. Stellen Sie zunächst die verkehrten Worte richtig, prägen Sie sich dann die Informationen des Textes gut ein und blättern Sie um:

seniE _____ segaT _____ ßas _____ sueZ _____ ,

red _____ retavrettöG _____ , fua _____

med _____ netshcöh _____ greB _____

saterK _____ dnu _____ etkcilbre _____

aporuE _____ na _____ menie _____ nenref _____

dnartS _____ . rE _____ etrehän _____ hcis _____

rhi _____ ni _____ tlatseG _____ senie _____

sereitS _____ dnu _____ sla _____ hcis _____

eid _____ nisseznirP _____ hciluartuz _____

rebü _____ nhi _____ etgueb _____ , gnarps _____

re _____ sol _____ , etzrüts _____ hcis _____

tim _____ rhi _____ sni _____ reeM _____ dnu _____

mmawhcs _____ hcan _____ aterK _____ .

Streichen Sie im folgenden Text die sieben falschen Worte durch:

Eines Tages saß Apollon, der Göttervater, auf dem höchsten Berg Zyperns und erblickte Europa an einem fernen Felsen. Er näherte sich ihr in Gestalt eines Löwen und als sich die Königin zutraulich über ihn beugte, sprang er los, stürzte sich mit ihr ins Meer und segelte nach Rhodos.

7. Minos *

Auf der Insel angekommen, gab sich der Göttervater zu erkennen und einige Zeit später gebar Europa drei Söhne, Sarpedon, Radamanthys und Minos. Aus der Verbindung von Pasiphae, der Frau des Minos, mit einem Stier ging dann der sagenumwobene Minotaurus hervor, ein Mensch mit Stierkopf, den Minos in einem Labyrinth gefangen hielt.

Finden Sie den Weg zum Minotaurus?

Die beiden jungen Frauen hatten gerade bezahlt und die Taverne verlassen, als auf einmal wütendes Hupen Vanes aus seinen mythologischen Gedanken riss. Er bezog den Lärm zuerst nicht auf sich, aber als die Wirtin zu seinem Tisch kam und ihn aufgeregt nach draußen winkte, sprang er auf und lief auf die Straße hinaus.

1. Der Stier des Minos | **19**

Er hatte sein Fahrzeug neben anderen Autos vor der Taverne abgestellt. Doch unmittelbar nach dem Lokal verengte sich die Straße in einer scharfen Linkskurve. Hier steckte jetzt ein blau-weißer Linienbus fest, weil der weiße Jeep die Kurvenausfahrt blockierte.

8. Eine Busverbindung **

Wenn ein Linienbus für die neunzig Kilometer lange Strecke von Chaniá nach Plakiás 150 Minuten benötigt, mit wie viel km/h ist er dann durchschnittlich unterwegs?

Beobachtet von zahlreichen Schaulustigen und den beiden Frauen, die auf einem dunkelroten Motorrad saßen und ungeduldig warteten, stellte Vanes den Wagen woanders hin. Der Busfahrer musste ein paar Mal zurücksetzen, um den Bus durch die Engstelle zu manövrieren. Vanes sah ihm dabei zu. Als die Kurve frei war, fuhren die beiden Frauen unverzüglich in Richtung Plakiás los.

9. Glühende Mittagshitze *

Das mittlere, in Großbuchstaben geschriebene Wort in der ersten Zeile wurde nach einer bestimmten Regel aus Buchstaben des linken und des rechten Wortes gebildet. Finden Sie nach der gleichen Regel das mittlere Wort in der zweiten Zeile heraus?

Sonor	**SONNE**	Oliven
Kreis	_____	Spinat

Vanes kehrte schnell wieder in den Schatten der Terrasse zurück. Er aß den Salat auf, trank einen griechischen Kaffee, bezahlte und wollte gerade die Taverne verlassen, als ihm ein Fetzen Papier auf dem Boden der Terrasse auffiel.

10. Ein Stück einer Landkarte ***

Das Stück stammte von der zerrissenen Landkarte und war ein Ausschnitt der Südküste Kretas. Was wohl das Kreuz beim Kloster Préveli zu bedeuten hatte, das mit Kugelschreiber eingezeichnet war?

Als Vanes das Lokal verließ, entdeckte er an der Wand neben dem Ausgang eine Landkarte, die dem abgerissenen Stück glich.

Vergleichen Sie rasch die vollständige Karte mit dem Ausschnitt, zeichnen Sie die Umrisse des Ausschnitts an der richtigen Stelle der Karte ein und markieren Sie den Ort, an dem sich Vanes gerade aufhielt:

1. Der Stier des Minos

11. Die Fahrt nach Plakiás ... **

Merken Sie sich nun die folgenden Geschehnisse:

Bald nach seinem Aufbruch in Káto Rodákino kam ihm ein
rostroter Lastkraftwagen entgegen, der Gasflaschen transpor-
tierte. Vanes hatte große Mühe, einen Zusammenstoß mit
einem jungen Burschen auf einem grünen Mofa zu vermeiden,
der gerade versuchte, den Laster zu überholen. Kaum hatte
sich Vanes von diesem Schreck erholt, da überholte ihn an
einer unübersichtlichen Stelle in rasendem Tempo ein weißer
Lieferwagen. Gleich darauf sauste ein älterer Mann auf einem
schwarzen Motorroller auf ihn zu und wechselte erst im letzten
Augenblick auf die richtige Fahrspur. Vanes fuhr nun besonders vorsichtig und war fast erstaunt, als ihm eine junge Frau
auf einem blauen Motorrad in ganz gemächlicher Geschwindigkeit begegnete. Er winkte ihr zu und sie winkte fröhlich
lächelnd zurück. Ihr Sturzhelm hing seitlich am Gepäckträger
und ihr langes rotes Haar wehte im Fahrtwind. Kurz vor Plakiás
fuhr er an zwei gelb gekleideten Radfahrern vorbei, die auf silbernen Rädern in Richtung Káto Rodákino unterwegs waren
und gerade mühsam die erste Steigung erklommen.

12. ... in Richtung Strand **

*Bilden Sie mindestens zehn Hauptwörter mit den Buchstaben des
Wortes LIEFERWAGEN:*

_____

_____

_____

_____

22 1. Der Stier des Minos

Als er schließlich Plakiás erreichte, war Vanes sehr erleichtert.
Schon glaubte er, endlich am Ziel angekommen zu sein, da
wurde er vor einer Straßensperre angehalten. Er stellte den
Motor ab und reichte dem Polizisten seinen Führerschein.
Doch der Polizist war gar nicht daran interessiert, sondern
fragte Vanes, woher er käme und welche Fahrzeuge ihm aus
Richtung Plakiás entgegengekommen waren.

13. Gegenverkehr ** ☼

*Notieren Sie hier alle Fahrzeuge, die Vanes entgegengekommen
waren, und ihre Farben:*

_____

_____

Auf die Frage, warum er denn das so genau wissen wolle, erklärte
der Polizist, dass vor einer Stunde das goldene, mit Edelsteinen
verzierte Reliquienkreuz des Klosters Préveli gestohlen worden
war.

14. Das Reliquienkreuz ***⚡ ☼

Welches Wort gehört in die Klammer?

a) JKNR   → (KLOSTER)   ← SDQ
    OQDU   → (_ _ _ _ _ _ _) ← DKH

b) MTG   → (KREUZ)   ← WB
    HTC   → (_ _ _ _ _)   ← IG

c) 4-9   → (DIEB)   ← 5-2
    6-12-21   → (_ _ _ _ _ _)   ← 3-8-20

1. Der Stier des Minos **23**

Nachdem ihm Vanes die Fahrzeuge beschrieben hatte, leitete der Polizist sofort eine Fahndung nach der Fahrerin des blauen Motorrades ein. Der Sturzhelm, welchen die Diebin während der Tat trug, hatte ihr langes rotes Haar vor den Mönchen des Klosters Préveli nicht völlig verborgen. Kurze Zeit später wurde sie gefasst, hatte aber das Kreuz nicht bei sich. Die Polizei vermutete, dass sie es Komplizen übergeben haben könnte. Vanes hörte davon und zeigte einem Polizisten das Stück der Landkarte, das er gefunden hatte, wies ihn auf die Kugelschreiber-Markierung beim Kloster Préveli hin und beschrieb ihm die beiden Frauen.

15. Komplizinnen? ** ☼

Welche Farbe und welche Aufschrift hatten die T-Shirts der beiden Frauen, die Vanes in der Taverne beobachtet hatte?

Die beiden wurden gefasst, als sie an Bord eines Schiffes nach Hóra Sfakíon gehen wollten. Das gestohlene Kreuz trugen sie bei sich. Die Diebin hatte es ihnen zwischen Plakiás und Káto Rodákino übergeben. Bei der Übergabe hatte sie den Sturzhelm abgenommen und nachher nicht wieder aufgesetzt.
Nachdem die Täter gefasst waren, suchte sich Vanes in Plakiás ein Zimmer. Danach begab er sich in eine Bar, um zur Feier seiner Ankunft ein Glas griechischen Weins zu trinken.

Lösungen

1. Die Weißen Berge: Vanes fuhr (…), a**ber ge**gen 14 Uhr fragte er sich, o**b er ge**nug Benzin (…) Nichts hätte er jetzt lie**ber ge**macht als (…) anzuhalten, a**ber ge**rade hier gab es (…) Hunger wuchs schon ü**ber ge**wisse erträgliche (…) er fragte sich, o**b er ge**rne hungrig (…).

4. Tsazíki: z. B. witzig, hitzig, zittrig, geizig, zierlich, zeitlich, …

5. Bauernsalat
DGSJA**KLA**HGTSGABNS**KIL**SHDTSHAOPT**RAL**DSDFCSXD
FLGHS**UZT**EPLDJSA**UTG**BYD**LSJ**DFLEHF**TRW**ASDFHJ**AJT**DI

6. Prinzessin Europa – falsche Worte: Eines Tages saß **Apollon**, der Göttervater, auf dem höchsten Berg **Zyperns** und erblickte Europa an einem fernen **Felsen**. Er näherte sich ihr in Gestalt eines **Löwen** und als sich die **Königin** zutraulich über ihn beugte, sprang er los, stürzte sich mit ihr ins Meer und **segelte** nach **Rhodos**.

8. Eine Busverbindung: 150 Min. = 2,5 h; 90 km : 2,5 h = 36 km/h.

9. Glühende Mittagshitze: Die ersten drei Buchstaben des linken Wortes ergeben mit den letzten beiden, vertauschten Buchstaben des rechten das Wort »Kreta«.

10. Ein Stück einer Landkarte

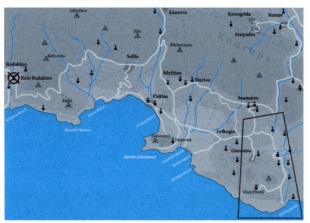

12. … in Richtung Strand: z. B. Frage, Reifen, Liege, Ferien, Gier, Geier, Reigen, Fee, Eile, Regel.

13. Gegenverkehr: Rostroter Lastkraftwagen, grünes Mofa, schwarzer Motorroller, blaues Motorrad, silberne Fahrräder.

14. Das Reliquienkreuz: a) Auf O folgt P, auf Q folgt R, usw.: PREVELI. b) 2 Buchstaben vor dem H liegt im Alphabet das F, 2 Buchstaben vor dem T das R usw.: FRAGE. c) Der 6. Buchstabe im Alphabet ist ein F, der 12. ein L usw.: FLUCHT.

15. Komplizinnen? Ein weißes T-Shirt mit schwarzer Aufschrift »berühren verboten« und ein blaues mit der roten Aufschrift »piraten«.

2. Die grüne Insel

Mehrere Kartoffel-Missernten hintereinander und die daraus
folgende jahrelange Hungersnot hatten dazu geführt, dass Ian
MacMahon am 3. November 1849 mit seiner Frau, drei kleinen Kindern und einem kargen Bündel an Habseligkeiten von Enniskerry
nach Dublin aufgebrochen war. Obwohl sie eigentlich nach Ameri-
ka hatten auswandern wollen, waren sie an Bord eines Schiffs nach
Australien gegangen, weil es das nächste war, das auslief. Sie verließen Irland so schnell wie möglich, bevor Sean und Ryan, ihren beiden Söhnen, und ihrer Tochter Amy das gleiche Schicksal widerfuhr
wie drei ihrer Kusinen, die im Laufe des vergangenen Jahres verstor-
ben waren. Es hatte hier für sie keine Hoffnung mehr gegeben. In
den Jahren von 1845 bis 1851 waren zwischen 500 000 und einer
Million Iren durch die Hungersnot ums Leben gekommen. Etwa
zwei Millionen Iren hatten zwischen 1845 und 1855 ihre Heimat
verlassen und waren nach Kanada, Australien oder in die USA ausgewandert. Das Schiff der Familie MacMahon war am 4. November
1849 aus dem Dubliner Hafen ausgelaufen. Am 6. Dezember 1849
waren schließlich Ian, Sean und Amy in Bunbury, Westaustralien,
an Land gegangen. Ryan und seine Mutter hatten eine Seuche, die
in der vierten Woche an Bord ausgebrochen war, nicht überlebt.

Fast 154 Jahre später, an einem sonnigen Julitag, stieg Sarah
O'Brien in Dublin aus einem Flugzeug. Vor 16 Stunden war sie in
Perth an Bord gegangen. Die Zwischenstopps in Singapur und
London hatten sie sehr angestrengt, doch zum Glück war ihr
Dylan, ihr 22-jähriger Urenkel, großartig beigestanden.
In den letzten Jahren war ihr Wunsch, die Heimat ihres Urgroßva-
ters Sean MacMahon zu besuchen, immer stärker geworden.
Dann hatte sie eine Aufführung von »Riverdance« gesehen und
war vom Lied »Home and the Heartland« gegen Ende des zweiten
Akts so ergriffen gewesen, dass sie sich die Reise nach Irland als
Geschenk zum 80. Geburtstag wünschte.

26   2. Die grüne Insel

1. Irischer Tanz

Irischer Tanz wurde durch die Erfolge von Bühnenproduktionen wie »Riverdance« oder »Lord of the Dance« international bekannt. Eine von mehreren Rhythmusarten beim irischen Tanz ist die »Hornpipe«, welche im 4/4- oder 2/4-Takt gespielt wird.

Machen Sie nun eine Rhythmus-Übung: Setzen Sie sich vor einen Tisch. Treten Sie nun abwechselnd mit dem linken und dem rechten Fuß auf, als würden Sie im Sitzen gehen. Zählen Sie laut bei Ihren Schritten mit: 1 – 2 – 3 – 4 – 1 – 2 – 3 – 4 – usw. Legen Sie beide Hände vor sich auf die Tischplatte und klopfen Sie jeweils bei 2 zweimal mit der linken Hand, bei 4 zweimal mit der rechten Hand auf den Tisch. Sobald Sie den Rhythmus gefunden haben, setzen Sie ihn etwa eine Minute lang fort. Wiederholen Sie dann diese Übung, indem Sie rechts bei 2 und links bei 4 je zweimal klopfen.

Ihre Familie hatte der Reise erst zugestimmt, als Dylan anbot, seine Urgroßmutter zu begleiten. Sarah war hocherfreut gewesen, hatte sie doch nach dem Tod ihres Mannes eine besonders innige Beziehung zu Dylan aufgebaut. Beim Anblick ihres Urenkels musste sie manchmal an ein bekanntes irisches Sprichwort denken:

2. Jung und Alt * ☀**⑤**

Ergänzen Sie bitte die fehlenden Buchstaben:

J__ng__ Le__te w__s__en ni__h__, w__s A__ter __st,

u__d __lte v__rge__sen, w__s Ju__e__d w__r.

Sarah war sehr froh, dass dieses Sprichwort auf Dylan und sie nicht zutraf. Sie lächelte ihm dankbar zu. Er hatte ihre Koffer vom Förderband auf einen Gepäckwagen gehoben und fuhr damit auf sie zu. Mit seinen blonden Haaren und blauen Augen sah er gar nicht aus, als wäre er irischer Abstammung.

2. Die grüne Insel

3. Die Fahrt zum Hotel ***

Sobald sie die Zollformalitäten hinter sich gebracht hatten, verließen sie das Flughafengebäude und stiegen in ein Taxi, das sie in die Innenstadt Dublins brachte.

Bei dieser Aufgabe geht es darum, deutsche Wörter zu finden, die mit dem linken Buchstaben beginnen und mit dem rechten enden. Jedes Wort soll insgesamt vier Buchstaben haben. Setzen Sie bitte pro Zeile zwei Buchstaben ein:

D _ _ I

U _ _ R

B _ _ L

L _ _ A

I _ _ N

N _ _ D

Übrigens:

- *Irlands Hauptstadt Dublin feierte im Jahr 1988 ihr 1000-jähriges Bestehen.*

- *Das berühmteste Werk des irischen Dichters James Joyce, »Ulysses«, beschreibt auf sehr unkonventionelle Weise den Ablauf eines Tages in Dublin.*

Sie bezogen ihre Zimmer und begaben sich anschließend in ein Pub in der Nähe des Hotels. Es war 20 Uhr. Obwohl beide von der langen Anreise erschöpft und vom Jetlag geschwächt waren, hatte Sarah darauf bestanden, ihre Ankunft mit einem Glas Guinness-Bier zu feiern.

4. Guinness ***

Finden Sie mindestens drei (zusammengesetzte) Hauptwörter, welche die Buchstabenfolgen NN und SS enthalten:

5. Im Pub *

Welcher Bildausschnitt passt in welches Feld?

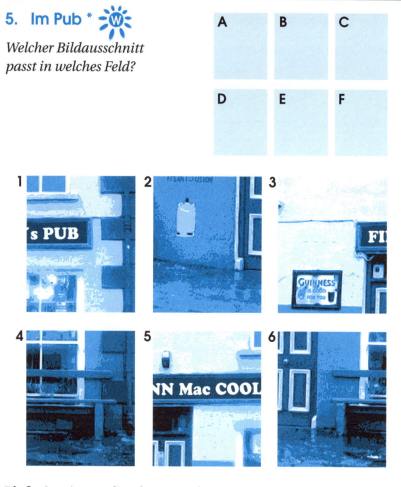

Bloße Sentimentalität hatte sie dazu bewogen, ein Glas Guinness zu bestellen, obwohl ihr dieses Bier noch nie geschmeckt hatte. Die Brauerei westlich von Dublin war bereits seit neunzig Jahren hier gewesen, als ihr Urgroßvater Irland verließ, und sie war immer noch da, als sie, Sarah O'Brien, irischen Boden betrat.

6. Das Gründungsjahr ***

In welchem Jahr gründete Arthur Guinness die Brauerei? _____

2. Die grüne Insel

In den vergangenen Monaten hatten Sarah und Dylan viele Stunden an ihrer Reiseroute durch Irland getüftelt. Gemeinsam hatten sie zunächst eine Liste von Orten zusammengestellt, die sie während der zweiwöchigen Reise unbedingt besuchen wollten. Dann hatten sie eine möglichst stimmige Reihenfolge festgelegt.

7. Die Reiseroute **

Verbinden Sie nun so rasch wie möglich die Namen der irischen Orte in aufsteigender alphabetischer Reihenfolge der Anfangsbuchstaben. Beginnen Sie bei »Athlone« und haken Sie währenddessen zusätzlich jeden Namen ab, der Buchstaben mehrfach enthält:

Dublin   Wexford   Rosslare

Limerick   Shannon

Athlone

Tralee   Galway   Cobh

Bantry   Portumna

Kilkenny

Enniskerry   Nenagh   Quin

In Cobh nahe Cork hatte die Familie MacMahon gewohnt, bevor sie der Hunger zum Auswandern zwang. Dort befand sich auch der Friedhof mit dem Grab der Großeltern von Sarahs Urgroßvater, Jack und Emma MacMahon. Nun würde sie zu den Wurzeln ihrer Familie zurückkehren.

30   2. Die grüne Insel

8. Wo alles begann ** ☀S

Setzen Sie links ein Wort ein, mit dem die vier Wörter rechts jeweils sinnvolle zusammengesetzte Hauptwörter ergeben:

Beispiel: _____   *Stock   Vase   Beet   Strauß*
Lösung: Blumen (Blumenstock, Blumenvase usw.)

_____	Hafen	Zeug	Bahn	Begleiter
_____	Mutter	Maul	Auftrag	Neffe
_____	Schritt	Partner	Musik	Schule
_____	Bau	Fahrt	Bruch	Schaukel
_____	Ziel	Büro	Leiter	Pass

Ausgangspunkt all ihrer Überlegungen zur Reiseroute war ein Brief gewesen, den Ian MacMahon im Jahr 1853 von seinem Bruder Shane aus Irland erhalten hatte. Dieser Brief war von Generation zu Generation weitergegeben und zuletzt Sarah anvertraut worden. Shane schrieb darin, dass er glaube, die Hungersnot sei nun endgültig überstanden. Er habe endlich Arbeit gefunden, zwar nur als Schafhirte, aber immerhin. Nun habe auch Ben Irland verlassen und sei nach Kanada ausgewandert. Er vermisse seine Brüder sehr und hoffe, beide irgendwann wiederzusehen (was nie geschah).

9. Drei Brüder *** ☀Z ☀G

In dem Jahr, als Ian MacMahon Irland verließ, war er 32 Jahre alt. Drei Jahre vorher waren er und seine beiden Brüder Shane und Ben zusammen 90 Jahre alt gewesen. Wie alt waren die drei im Jahr 1847, wenn Ben sieben Jahre jünger war als Shane?

2. Die grüne Insel

Shane MacMahon arbeitete als Schafhirte bis 1858. Dann heuerte er auf einem Fischkutter an. Schafe sind ein alltäglicher Anblick auf Irlands Weiden, gibt es dort doch etwa acht Millionen Stück davon.

10. Irlands Schafe *

Zeichnen Sie bitte die Linie nach und beginnen Sie beim Pfeil. Wenn Sie diese Aufgabe noch etwas schwieriger machen wollen, dann verwenden Sie dafür jene Hand, mit der Sie normalerweise nicht schreiben.

11. Das Land ihrer Vorfahren **

Prägen Sie sich die folgenden Informationen ein:

Felsige Landzungen mit fjordartigen Buchten, winzige vorgelagerte Inselchen, eine weite Seenlandschaft im Landesinneren, Sumpfgebiete und Heidemoore, hügeliges Weideland und faszinierende Berge prägen Irlands Landschaft. Irland ist aber auch für seine reiche Kultur bekannt. Besonders beeindruckend sind die Zeugnisse der irischen Geschichte, steinzeitliche Grabanlagen, keltische Klöster und mittelalterliche Burgen.

Streichen Sie alle Wörter, die im vorigen Text nicht vorkamen:

Landschaft	Rotwild	Weideland	Geschichte
Steindohlen	Berge	Fauna	Sumpfgebiete
Heidemoore	Westküste	Inselchen	Volksmusik
Wanderwege	Tierarten	Buchten	Haubentaucher

Da Ben nach Kanada ausgewandert war und erst dort eine Familie gegründet hatte und Shane nach dem Tod seiner drei Töchter Rachel, Kate und Ella kinderlos geblieben war, ging Sarah O'Brien davon aus, dass keine Nachkommen von Jack und Emma MacMahon in Irland lebten. Gedankenverloren griff sie nach dem silbernen Kleeblatt, das an ihrer Halskette hing.

12. Das Kleeblatt, ein Symbol Irlands **

Bilden Sie nun mindestens sechs Wörter mit den Buchstaben des Quadrats. Sie können dabei von einem Buchstaben zum unmittelbar nächsten waagrecht, senkrecht oder diagonal weitergehen, dürfen aber keinen Buchstaben überspringen. Außerdem ist es erlaubt, zu einem bereits verwendeten Buchstaben zurückzukehren (AE = Ä).

Richtig: T → E → E   Falsch: A → L → T

K	L	E		K	L	E		K	L	E
T	E	B	Zum Beispiel:	T	E	B		T	E	B
T	A	L		T	A	L		T	A	L

Dylan sah Sarah dabei zu, wie sie das Kleeblatt betrachtete, und wartete auf den passenden Zeitpunkt. Während ihrer Planungen der Reiseroute hatte er den Stammbaum seiner Familie rekonstruiert und dabei etwas entdeckt, was Sarah bis jetzt noch nicht wusste.

2. Die grüne Insel 33

13. Ahnenforschung ***

Finden Sie mindestens vier zusammengesetzte Hauptwörter, deren Teile wie bei Stammbaum/Baumstamm vertauscht werden können (ohne dass ein Buchstabe ergänzt oder weggelassen wird):

_____

_____

14. Familienstammbaum ****⚡

Ergänzen Sie nun die leeren Kästchen dieses Ausschnitts aus Sarah O'Briens Stammbaum (aus dem Gedächtnis oder indem Sie zurückblättern und nachlesen):

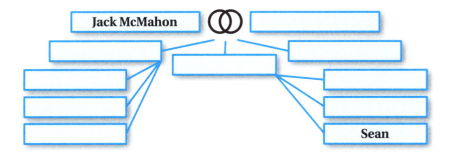

Dylan hatte die Verwandten in Kanada ausgeforscht und dabei herausgefunden, dass die Urenkelin von Bens Tochter Megan, Laura Ward, noch lebte und vor zwanzig Jahren nach Dublin übersiedelt war. Sie war wie Sarah bereits über achtzig. Er hatte ihre Telefonnummer eruiert und sie angerufen. Laura war außer sich gewesen vor Freude und als sie von der bevorstehenden Reise erfuhr, musste er ihr versprechen, sie mit Sarah zu besuchen. Er räusperte sich. Sarah bemerkte seine Anspannung sofort. Sie sah ihn fragend an. Da packte er seine Zeichnung ihres Stammbaums aus und begann zu erklären …

Lösungen

2. Jung und Alt: Junge Leute wissen nicht, was Alter ist, und Alte vergessen, was Jugend war.

3. Die Fahrt zum Hotel: z. B. DREI, UFER, BEIL, LAVA, IRAN, NEID.

4. Guinness: z. B. Mittagssonne, Lebenssinn, Brunnenwasser.

5. Im Pub: A-3, B-5, C-1, D-2, E-6, F-4.

6. Das Gründungsjahr: 1849 (siehe Text auf S. 25) – 90 = 1759.

7. Die Reiseroute: Athlone – Bantry – Cobh – Dublin – <u>Enniskerry</u> – <u>Galway</u> – <u>Kilkenny</u> – <u>Limerick</u> – <u>Nenagh</u> – Portumna – Quin – <u>Rosslare</u> – <u>Shannon</u> – <u>Tralee</u> – Wexford.

8. Wo alles begann: Flug, Groß, Tanz, Schiff, Reise.

9. Drei Brüder: 1847 = 2 Jahre vor Ians Abreise; (90 – 29 – 7) : 2 + 1 = 28 (Bens Alter), 28 + 7 = 35 (Shanes Alter), 32 – 2 = 30 (Ians Alter).

11. Das Land ihrer Vorfahren

Landschaft	~~Rotwild~~	Weideland	Geschichte
~~Steindohlen~~	Berge	~~Fauna~~	Sumpfgebiete
Heidemoore	~~Westküste~~	Inselchen	~~Volksmusik~~
~~Wanderwege~~	~~Tierarten~~	Buchten	~~Haubentaucher~~

12. Das Kleeblatt, ein Symbol Irlands: z. B. Tablette, Latte, Tal, Beet, Klette, Kette.

13. Ahnenforschung: z. B. Mauerziegel, Rohrzucker, Wiesenblumen, Spielball.

14. Familienstammbaum

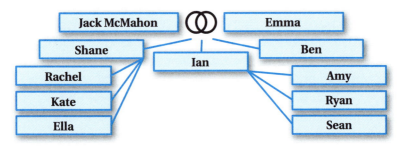

3. Feuerberge

Er hätte es bis Sonnenuntergang schaffen können, Las Casas de El Golfo zu erreichen, wäre er dem spitzen Felsen rechtzeitig ausgewichen. Von La Santa westwärts paddelnd, war er an diesem Tag nur langsam vorangekommen. Er hatte daher erst am Nachmittag eine Pause gemacht und an einem Sandstrand angelegt. Nach zahlreichen Kanuwanderungen mit einem festen Kajak hatte sich Jens Weber auf einem Flohmarkt in Magdeburg ein seetaugliches Faltboot gekauft und in wochenlanger Kleinarbeit sorgfältig restauriert. Es stammte aus den 1930er Jahren und bestand aus einem zerlegbaren Holzgestänge, über das eine Segeltuch-Gummi-Haut gezogen wurde. Er hatte jedes einzelne Holzstück sorgfältig gesäubert, geschliffen und mit Speziallack gestrichen. Den unteren Teil der Haut hatte er mehrmals mit einem speziellen Fett eingerieben, damit der Gummi geschmeidig und salzwasserbeständig blieb, das blaue Segeltuch des oberen Teils hatte er gereinigt und imprägniert. Zuerst probierte er das Boot auf der Saale aus, danach machte er mit ihm eine einwöchige Tour auf Mecklenburgischen Seen und schließlich den Meerwassertest mit einer mehrtägigen Fahrt entlang der Ostseeküste. Und jetzt saß er kurz vor Sonnenuntergang an einem Felsenstrand Lanzarotes und betrachtete das Leck in der Bootshaut.

1. Faltboot *

Welche Zahl fehlt?

Jens Weber hätte Las Casas de El Golfo wahrscheinlich in einer halben Stunde erreicht, wäre er nicht einen Augenblick unaufmerksam gewesen, was vielleicht mit seiner zunehmenden Müdigkeit zusammenhing. Vielleicht war es aber auch einfach nur Pech gewesen, gerade dort in Ufernähe zu paddeln, wo knapp unter der Wasseroberfläche ein scharfkantiger Felsen lag.

2. Paddeln

Setzen Sie sich nun so, dass Ihre Arme und Beine genug Bewegungsspielraum haben. Setzen Sie sich aufrecht hin, mit beiden Füßen auf dem Boden. Strecken Sie dann beide Arme in Schulterhöhe parallel nach vorne, am Ellbogen leicht abgewinkelt. Ballen Sie die Fäuste, als würden Sie ein Doppelpaddel halten, und zeichnen Sie mit den Fäusten eine liegende Acht (∞) in die Luft. Beginnen Sie dabei in der Mitte nach oben und folgen Sie der Achterschleife mit den Augen. Führen Sie diese Bewegung etwa eine Minute lang aus. Wenn Sie Kraft genug haben, wiederholen Sie die Bewegung eine Minute lang, während Sie die Beine nach vorne ausstrecken.

3. Feuerberge   **37**

Er war unverzüglich zum felsigen Strand gepaddelt, während durch das zwanzig Zentimeter lange Leck Wasser schlug. Mit Mühe konnte er das Boot auf einen flachen Felsen ziehen, immer vorsichtig darauf bedacht, mit dem rauen Untergrund nicht noch weitere Schäden an der Bootshaut zu verursachen.

3. Das Leck *

Finden Sie mindestens acht Eigenschaftswörter, die mit LE- beginnen:

_____

_____

_____

Mit dem passenden Werkzeug war es einfach, das Leck zu flicken, und Weber hatte auch alles dabei, doch während er es auspackte, das Leck für die Reparatur vorbereitete, den Flicken zuschnitt und den Kleber auftrug, brach die Dämmerung herein und kurz darauf war die Küste in bleiches Mondlicht getaucht.

4. Dreißig Grad nördlicher Breite **

Lanzarote liegt etwa 115 km westlich von Marokko auf ungefähr 30° nördlicher Breite. Die Dämmerung dauert dort 24 Minuten. *Kreisen Sie so schnell wie möglich alle unmittelbar aufeinander folgenden Zahlen ein, deren Multiplikation 24 ergibt:*

18738293567846328932578391247649231846875382791 5439662
54673827382938482789856472368374653128748938256 4762185
25476489384720293746557366839284652824691218374 6673491

Weber war vor drei Tagen auf Lanzarote angekommen und hatte sofort begonnen, sein Vorhaben in die Tat umzusetzen.

38   3. Feuerberge

Er beabsichtigte, die Insel mit dem Faltboot in sechs Tagen zu umrunden. Am ersten Tag hatte er sich über unglaubliches Glück gefreut: Es war fast windstill und der Atlantik beinahe spiegelglatt.

5. Passatwinde ***

Er hatte sich auf einen höheren Wellengang vorbereitet, denn er wusste, dass aufgrund von Passatwinden aus dem Nordosten kaum mit windstillen Tagen zu rechnen war.

Finden Sie die drei Buchstaben, welche die linken Buchstaben zu sinnvollen deutschen Hauptwörtern ergänzen.
Zum Beispiel: F-, P-, H-, Verl- … (Lösung: ASS; Fass, Pass usw.)

a)   K-, W-, R-, Fe-   __ __ __   b)   E-, In-, Pin-, Ras-   __ __ __

c)   St-, Be-, Min-, R-   __ __ __   d)   E-, Kle-, We-, Sil-   __ __ __

Ab dem zweiten Tag war dann der erwartete Wind aufgekommen und hatte ihn mit heftigerem Wellengang konfrontiert, aber die Stabilität des Bootes und seine langjährige Kanu-Erfahrung gaben ihm Sicherheit.

6. Die Umrundung Lanzarotes **

Lanzarote hat eine Fläche von etwa 846 Quadratkilometern. Die Längsausdehnung beträgt 58 Kilometer. An der breitesten Stelle beträgt der Abstand zwischen den Ufern 34 Kilometer.

Wie viele Stunden würde Jens Weber zu ihrer Umrundung benötigen, wenn er die Strecke von 222 Kilometern mit einer Geschwindigkeit von 100 Metern pro Minute und ohne Ruhepause zurücklegen könnte?

3. Feuerberge **39**

7. Taschenlampe * oder ****⚡

Er packte seine Taschenlampe aus, legte sie auf einen Felsen, sodass sie genau die Reparaturstelle beleuchtete, und dichtete das Leck ab.

Was haben die drei Ausrufe gemeinsam? Es gibt mehrere leichte Lösungen und eine knifflige!
»Achte Psalmen!«
»Pachte Amseln!«
»Mache Spalten!«

Danach verstaute er das Werkzeug und versuchte, sich über seine Lage klar zu werden. Er faltete die Landkarte auf. Es wären noch etwa drei Kilometer bis Las Casas de El Golfo gewesen, doch er wagte nicht, mit dem Boot weiterzufahren, weil er gefährliche Felsen unter der Wasseroberfläche trotz Mondlicht und Taschenlampe nicht rechtzeitig bemerkt hätte.

8. Mondlicht *

Finden Sie jeweils einen Satz, der sich auf den vorgegebenen reimt (auch wenn er noch so skurril und unlogisch ist!):

a) Bei Mondlicht saß Weber auf felsigem Grund

---

b) Auf felsigem Grund saß Weber bei Mondlicht

---

c) Bei Mondlicht auf felsigem Grund saß Weber

40

3. Feuerberge

Gegen 23 Uhr fand er sich damit ab, dass wahrscheinlich kein Boot mehr vorbeikam, das ihn aus seiner misslichen Lage befreien würde. Somit blieb ihm nur die Alternative, entweder am Ufer zu übernachten und auf den Sonnenaufgang zu warten oder das Boot hier zu lassen und zu versuchen, zu Fuß durch unwegsames Gelände den nächsten Ort zu erreichen.

9. Alternativen *

Versetzen Sie sich in Webers Lage: Welche Alternative erscheint Ihnen sinnvoller und weshalb? Notieren Sie Ihre Argumente:

a) Am Ufer übernachten:

_____

_____

b) Zum nächsten Ort gehen:

_____

_____

Er entnahm der Landkarte, dass er an einer Stelle gestrandet war, die zum Nationalpark Timanfaya gehörte, der auch »Montanas del Fuego« (Feuerberge) genannt wird.

10. Feuerberge *

Was bedeuten die folgenden Redewendungen?

a) Für jemanden durchs Feuer gehen.

_____

b) Jemand ist für etwas Feuer und Flamme.

_____

c) Dafür lege ich meine Hand ins Feuer.

_____

3. Feuerberge **41**

11. Vulkane *

Vor ungefähr 36 Millionen Jahren begannen Vulkanausbrüche auf dem Grund des Atlantiks, den Sockel der Insel zu bilden. Die heutige Oberfläche Lanzarotes wurde dann durch vier Phasen von Ausbrüchen gestaltet, deren jüngste von 1730 bis 1736 und im Jahr 1824 stattfand und dabei eine neue Vulkanlandschaft im Gebiet des heutigen Nationalparks Timanfaya entstehen ließ.

Welche Antwort stimmt?

A. Feuer verhält sich zu Wasser wie Durst zu
   a) Sport   b) Nahrung   c) Getränk   d) Hunger

B. Lava ist zu Vulkan wie Wasser zu
   a) trinken   b) Quelle   c) Dampf   d) Eis

C. Vulkan verhält sich zu Ausbruch wie Pulverfass zu
   a) Explosion   b) Zündschnur   c) Dynamit   d) Ladung

Er erinnerte sich, in seinem Reiseführer gelesen zu haben, dass im Gebiet der Feuerberge etwa sechs Meter unter der Erdoberfläche Temperaturen von 400 Grad Celsius herrschen. Daher dürfen Gebäude in diesem Gebiet nur aus feuerfesten Materialien bestehen.

12. Feuerfest **

Finden Sie die Wörter heraus, welche jeweils die beiden Bedeutungen der linken Wörter in sich vereinen.
Zum Beispiel: GRAS, SCHNELL FAHREN _____ (RASEN)

a)   HART, FEIER   _____

b)   STÜRZEN, FANGGERÄTE   _____

c)   UMKNICKEN, RUNZELN   _____

Weber nahm die Strohmatte aus dem Boot, die er für seine Ruhepausen an den Sandstränden mitgenommen hatte. Er rollte sie aus, faltete sie zweimal zusammen, legte seine Schwimmweste darüber und saß nun auf dem rauen Lavagestein einigermaßen bequem.

13. Lava ***

Auf der erstarrten Gesteinsschmelze, die von den Vulkanen nach außen befördert worden war, wuchs keine Vegetation. Weber wandte sich um. Die Landschaft hinter ihm sah im Mondlicht wie eine graue Wüste aus.

Welches der zur Auswahl stehenden Wörter setzt die Reihe logisch richtig fort:

A. Lava – Beere – Iltis – Motorboot – ?
a) Basalt   b) Erpel   c) Frischling   d) Moor   e) Unmut

B. Lava – Eber – Echo – Adel – Seil – Efeu – ?
a) Igel   b) Eile   c) Agonie   d) Ego   e) Ahoi

C. Lava – Haut – Pate – Base – ?
a) Rabe   b) Ehre   c) Bart   d) Furt   e) Karte

Er fühlte sich so erschöpft, dass er über eine Wanderung durch die Feuerberge nicht weiter nachdachte. Um diese Jahreszeit würde die Temperatur nachts auf etwa zwanzig Grad abkühlen. Er konnte also problemlos im Freien übernachten.

14. Nächtliche Abkühlung *

Wenn es um 22.30 Uhr 28 Grad Celsius hat und die Temperatur in jeder folgenden halben Stunde um ein halbes Grad fällt, wie spät ist es dann bei 23,5 Grad?

3. Feuerberge

43

Hinter sich die wüstenhaften Lavahügel, den Blick auf die fortwährend gegen die Felsen schlagenden Wellen gerichtet, die vom weit entfernten und kaum vom dunklen Himmel unterscheidbaren Horizont heranrollten, fühlte sich Weber auf einmal wie ein Schiffbrüchiger auf einer abgelegenen Insel.

15. Schiffbruch ***

Notieren Sie so schnell wie möglich mindestens zehn Wörter, welche die beiden Buchstaben FB in genau dieser Reihenfolge unmittelbar nebeneinander enthalten:

_____

_____

_____

Er zog den wasserdichten Proviantbeutel aus dem Heck des Bootes. Da er mittags wegen der Hitze kaum Appetit gehabt hatte, waren noch ein Stück kanarischer Ziegenkäse, eine Tomate und ein Stück Weißbrot übrig. Eine der vier Wasserflaschen, die er mitgenommen hatte, war noch halb voll.

16. Proviant *

Streichen Sie so schnell wie möglich die sechs Nahrungsmittel an, die im Buchstaben-Salat enthalten sind:

FHDGBROTDHFGSFXDFSKÄSEGDHFGWURSTDHFGSFDG
WAPFELJDHFGBDSCHOKOLADEJDFGFFDSHKEKSEHDGI

Die Hälfte des Wassers trank er, dann packte er alles wieder ein. Die Erschöpfung hatte seinen Hunger vertrieben. So blieb auch noch Frühstück für den folgenden Tag übrig.

44   **3. Feuerberge**

Er stand auf, nahm die Taschenlampe und suchte den Strand nach einer Stelle ab, die auf zwei Metern Länge möglichst flach war. Als er schließlich einen Platz gefunden hatte, trug er das Boot, das Doppelpaddel und alle Sachen, die er aus dem Boot genommen hatte, dorthin.

17. Doppelpaddel **

Ordnen Sie die sechs Paddel so an, dass fünf Quadrate entstehen:

Weber legte das Faltboot kieloben quer an ein Ende des flachen Platzes und an der schmalsten Stelle des Bugs ein zusammengefaltetes Handtuch als Kopfkissen darüber. Daneben breitete er die Strohmatte und darauf alle vorhandenen Kleidungsstücke aus, die er gerade nicht anhatte.

18. Strohmatte *

Finden Sie mindestens vier Wörter, die wie das Wort »Stroh« nur in der Einzahl verwendet werden:

3. Feuerberge **45**

Als er sich hinlegen wollte, fragte er sich plötzlich, ob es hier wohl wilde Tiere gäbe, und war beruhigt, als er in seinem Reiseführer nur von Fledermäusen, Vögeln und Eidechsen las.

19. Lanzarotes Fauna *

Bilden Sie eine Wortschlange mit mindestens acht weiteren Tiernamen (unabhängig von Lanzarote), wobei der folgende Name stets mit dem letzten Buchstaben des vorigen beginnen soll:

Fledermaus – Specht – _____

_____

Er legte sich auf den Rücken, betrachtete den Sternenhimmel und dachte daran, dass er in vier Tagen wieder am Ausgangspunkt der Fahrt ankommen würde. Doch was waren vier Tage im Vergleich zu den Lichtjahren Entfernung all dieser Sterne?

20. Unzählige Sterne *

Ziehen Sie nun im Kopf von der Zahl 99 so oft die Zahl 7 ab, bis Sie bei 1 angelangt sind.

Mittlerweile hatte sich Jens Weber zur Seite gedreht und war trotz der unbequemen Unterlage sofort in tiefen Schlaf gefallen.

Lösungen

1. Faltboot: 1, denn links 9, 7, 5 und 3 abgezogen (bzw. die nächste Quadratzahl $1^2 = 1$) und rechts durch 4 dividiert (bzw. Quadratwurzel halbiert).

3. Das Leck: z. B. leicht, lebendig, lebhaft, lecker, leise, legal, leer, ledig.

4. Dreißig Grad nördliche Breite
18**73**829356784**63**289325**78**39124**764**9231**84**687**53**82791543966 2
546**73**827**38**29384827898**564**7236**83746**531287489**38**2**564**762185
2547**64**89384720293**7465**5736**683**9284**65**282**469**1218**3746**673491

5. Passatwinde: a) IND. b) SEL. c) UTE. d) BER.

6. Die Umrundung Lanzarotes
100 m/min = 6 km/h; 222 : 6 = 37 Stunden.

7. Taschenlampe: Einfach – z. B. sie bestehen aus den gleichen Buchstaben. Knifflig – sie sind Anagramme des Wortes »Taschenlampe«.

8. Mondlicht: z. B. a) … ihm war nicht nach Sprechen, drum hielt er den Mund. b) … er schaute das Boot an, aber den Mond nicht. c) … und fühlte sich wie ein gestrandeter Seebär.

10. Feuerberge: a) Jemandem zuliebe die größten Gefahren auf sich nehmen. b) Jemand ist für etwas begeistert. c) Ich stehe für die Wahrheit einer Sache ein.

11. Vulkane: A. c), B. b), C. a).

12. Feuerfest: FEST, FALLEN, FALTEN.

13. Lava: A. e) Weil auf Wörter mit 2 x A, 3 x E, 2 x I und 4 x O ein Wort folgt, das zwei U enthält. B. a) Weil der zweite Buchstabe A, B, C, D, E und F ist, also ein G an zweiter Stelle folgt, und weil die Wörter aus vier Buchstaben bestehen. C. c) Weil die Wörter aus vier Buchstaben bestehen, wovon der zweite immer ein A ist und der dritte von V absteigend ein U, T und S, also ein R folgt.

14. Nächtliche Abkühlung: Ein Temperatur-Rückgang von 4,5° bedeutet, dass 4,5 Stunden vergangen sind: Es ist daher 3 Uhr früh.

15. Schiffbruch: z. B. Aufbruch, Stoffbahn, Raufbold, Laufbursche, Griffbrett, aufbegehren, aufbauen, aufblasen, aufbrausen, aufbringen.

16. Proviant
FHDG**BROT**DHFGSFXDFS**KÄSE**GDHFG**WURST**DHFGSFDG
W**APFEL**JDHFGBD**SCHOKOLADE**JDFGFFDSH**KEKSE**HDGI

17. Doppelpaddel

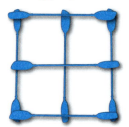

18. Strohmatte
z. B. Schlaf, Stille, Glanz, Post.

19. Lanzarotes Fauna
z. B. Tiger, Ratte, Elch, Hai, Igel, Luchs, Storch, Hund.

4. Von Meer zu Meer

Elsa Thulin war verzweifelt. Sie betrachtete die Tonscherben der beiden Statuen, die sie gerade zu Boden geschmettert hatte, und wartete auf eine Erleichterung, die nicht kam. Seit drei Jahren arbeitete sie nun als Designerin für Prydnad, die führende Schmuckfabrik in Stockholm. Die Stelle war ihr Traum gewesen. Elsa hatte mit Auszeichnung die schwedische Kunsthochschule Konstfack absolviert, danach ein Jahr in London gearbeitet und war schließlich zurück nach Stockholm gegangen. Bei Prydnad musste sie pro Jahr vier neue Kollektionen entwerfen, was ihr sehr leicht fiel, denn neue Ideen strömten ihr wie von selbst zu, drängten sich ihr auf, waren so zahlreich, dass sie einfach nur die besten auszuwählen brauchte. So war es zumindest bisher gewesen. Die Einfälle wurden zu Entwürfen, diese zu Modellen, die sie in der Fabrik, nicht selten aber auch zu Hause gestaltete. Ohne darüber nachzudenken, genoss sie die Fülle ihrer Ideen. Bis zu jenem Tag vor zwei Wochen. Am Vortag hatte sie ihre beiden Frühjahrskollektionen für das Folgejahr vorgestellt und dafür viel Anerkennung erhalten, war zufrieden nach Hause gefahren, hatte gut geschlafen und am Morgen damit beginnen wollen, Einfälle für die nächsten Kollektionen zu sammeln. Es waren ihr aber keine Ideen in den Sinn gekommen. Zuerst hatte sie das überrascht, so fremd war ihr, was sie da erlebte. Sie hatte sich plötzlich leer und erschöpft gefühlt. Tagelang hatte sie sich vergeblich abgemüht. Selbst der Versuch, den Ideenmangel mit ihrer Routine auszugleichen, war fehlgeschlagen. Da hatte sie eine ohnmächtige Wut gepackt und jetzt lagen die Scherben der zwei Tonstatuen vor ihr, die sie aus London mitgebracht hatte. Sie starrte die Scherben an und beschloss, sich eine längere Pause zu gönnen.

Drei Tage später traf sie am frühen Morgen am Flughafen von Göteborg ein. Sie bestieg ein Flugzeug, das sie mit einem Zwischenstopp in Lyon in fünf Stunden nach Ajaccio brachte, fünf Stunden, die sie zweitausend Kilometer weit forttragen und aus ihrer Einfallslosigkeit herausheben sollten.

1. Freiraum schaffen

Stehen Sie nun bitte auf und gehen Sie aufmerksam durch den Raum, in dem Sie sich gerade befinden. Bleiben Sie nach einer Minute auf einem Platz stehen, an dem Sie um sich herum genügend Raum haben, und stellen Sie die Füße etwa schulterbreit parallel zueinander. Beugen Sie dann ein paar Mal rasch die Knie und drücken Sie dabei die Fußsohlen gegen den Boden. Achten Sie auf einen festen Stand. Heben Sie die Hände vor die Brust hoch, ballen Sie Ihre Fäuste, atmen Sie tief ein und schleudern Sie beim Ausatmen die Fäuste nach vorne weg. Öffnen Sie die Fäuste, sobald die Arme ausgestreckt sind, als würden Sie zwei Bälle nach vorne werfen. Beim Einatmen ziehen Sie die Hände wieder zur Brust, ballen die Fäuste und stoßen sie beim Ausatmen wieder nach vorne weg. Wiederholen Sie diese Bewegung fünf Mal. Strecken Sie dann die Arme mit nach vorne geöffneten Handflächen aus und bewegen Sie die Handflächen langsam mit gestreckten Armen vor, neben und über Ihren Körper, als würden Sie über die Grenze des Raumes streichen, der Sie auf Armlänge umgibt. Atmen Sie dabei ruhig weiter und spüren Sie den Raum, der Sie umgibt. Führen Sie diese streichende Bewegung etwa eine Minute lang durch.

Elsa hatte nur den Flug gebucht, aber keine Unterkünfte reserviert. Sie hatte sich keine Reiseroute zurechtgelegt, sondern wollte einfach sehen, was sich ergab.

2. Auf gut Glück *

Notieren Sie so viele Glücksbringer wie möglich:

_____

_____

4. Von Meer zu Meer   **49**

Während des gesamten Fluges redete ihre Sitznachbarin, eine zwanzigjährige Romanistik-Studentin aus Lund, unentwegt auf sie ein. Sie flog bereits zum dritten Mal nach Korsika und ließ nicht ab davon, Elsa die Schönheiten der Insel zu beschreiben.

3. Korsika **

Finden Sie mindestens zehn Hauptwörter, die mit den Buchstaben KOR beginnen:

Elsa hörte ihr kaum zu. Sie schloss die Augen und hoffte, damit den Redefluss zu unterbrechen. Aber die Studentin war so in die Schilderung ihrer Erlebnisse auf Korsika vertieft, dass sie sich von Elsas Signalen nicht bremsen ließ. Sie berichtete von Strandpartys, Freiluftkonzerten und schließlich auch von einer Bergwanderung. Da schlug Elsa plötzlich die Augen auf und wandte sich ihr so abrupt zu, dass die Studentin erschrocken innehielt und sie mit offenem Mund anstarrte. Elsa lächelte ihr zu und bat sie, ihr mehr über den Wanderweg »Von Meer zu Meer« zu erzählen, von dem sie gerade gesprochen hatte.

4. Von Meer zu Meer **

Notieren Sie so viele Meere wie möglich (z. B. Mittelmeer):

---

50 4. Von Meer zu Meer

»Mare a mare« – von Meer zu Meer – heißen drei Wanderwege, die Korsika im Süden, in der Mitte und im Norden von Westen nach Osten queren.

5. Wanderweg *

Wenn ein Wanderer für einen ca. 96 km langen Weg acht Tage benötigt, an denen er jeweils sechs Stunden wandert, wie viele Kilometer legt er pro Stunde zurück?

Elsa ließ sich den nördlichen West-Ost-Wanderweg genauer schildern und erfuhr, dass er bis auf über 1400 Meter Seehöhe führt. Besonders in Erinnerung geblieben waren der Studentin die vielen Hängebrücken entlang des Weges.

6. Hängebrücken **

Finden Sie die fehlenden Buchstaben (je nach Anzahl der vorgegebenen Linien) heraus, die das Ende des linken und den Beginn des rechten Wortes bilden.
z. B. Vog- __ __ -an (Lösung: EL – Vogel, Elan)

a) Brüc- __ __ -ller

b) Nor- __ __ __ -kmal

c) Wander __ __ -le

d) In- __ __ __ -tenheit

e) Rei- __ __ -il

f) Wes- __ __ __ -or

g) Fir- __ __ -ler

h) Zwei- __ __ __ -l

i) Pha- __ __ -ite

j) Ha- __ __ __ -ster

k) Desi- __ __ -u

l) Fab- __ __ __ -scha

4. Von Meer zu Meer

51

Elsa war froh, stabile Trekkingschuhe eingepackt zu haben, als ihre Nachbarin erklärte, der Pfad führe teilweise durch unwegsames Gebiet und schroffes Felsgelände und sie wäre damals beinahe an ihren unpassenden Schuhen verzweifelt.

7. Wandersocken ***

Angenommen, Elsa hatte drei verschiedenfarbige Sockenpaare (grau, blau und grün) in ihren Rucksack gepackt: Wenn sie ohne hinzuschauen in den Rucksack griff und nacheinander zwei Socken entnahm, wie hoch ist die Wahrscheinlichkeit, dass sie gleich ein zusammenpassendes Paar erwischte?

Überdies sei es manchmal recht schwierig gewesen, die orange Markierung zu erkennen, der sie folgen musste, weshalb sie einige Kilometer mehr gelaufen war als geplant.

8. Markierung **

Markieren Sie so rasch wie möglich alle Buchstaben, die <u>nicht</u> im Wort ORANGE vorkommen:

GRNOGSEARONOEKRANGLHERONTARAEGEZANGEORA
REOWANGEMENANOGRAPORGNARRONGAREEDERBEGE
ARGONACKENOAHREGENTAGEIERBENGRAMOORGANG
OGERNAGENTEIGNEORNASENNERPELLERONENNANGEJ
EROGORAHNUNGVORBEREAAXONAERGERNIOBEUGEN

Am besten habe ihr auf dem Wanderweg die Stadt Corte und unweit davon das Tavignano-Tal gefallen, erzählte sie Elsa. In der Universitätsstadt Corte mitten im Landesinneren habe sie zum ersten Mal Kastanienbier getrunken. Sie grinste. Der Aufbruch am nächsten Morgen sei ihr dann nicht gerade leichtgefallen.

52   4. Von Meer zu Meer

9. Pietra ** ☼❶

Das bernsteinfarbene, leicht süßliche Pietra wird seit 1996 auf
Korsika aus Kastanienmehl gebraut.

*Denken Sie sich zu den vorgegebenen Begriffspaaren möglichst
skurrile Bilder aus, in denen beide Begriffe auf originelle Weise miteinander verknüpft sind. Ändern Sie Größe, Menge, Form oder
Anzahl der Dinge, um die Bilder so eigenartig wie möglich zu
gestalten:*

*z. B. Hose – Apfel: Alle grünen Äpfel in einem Korb tragen rot-weiß
karierte Hosen und tanzen einen Cancan.*

Flasche – Brücke: _____

Glas – Schuh: _____

Tisch – Stein: _____

Während die Studentin berichtete, wurde Elsa immer klarer, dass
sie den »Mare a mare nord«-Weg gehen wollte. Da leuchtete mit
einem leisen Gong das Sicherheitsgurte-Zeichen auf. Der Pilot
hatte den Landeanflug auf Ajaccio eingeleitet.

10. Ankunft * ☼❺

*Ordnen Sie nun die Sätze in der richtigen Reihenfolge, beginnend
mit dem frühesten Ereignis, indem Sie die Zahlen 1 bis 6 eintragen:*

- ☐ Elsa stieg aus dem Flugzeug.
- ☐ Sie hob ihren Koffer vom Förderband.
- ☐ Der Pilot steuerte die Maschine zu ihrem Parkplatz.
- ☐ In der Ankunftshalle warteten viele Taxifahrer auf Kunden.
- ☐ Das Flugzeug setzte auf dem Rollfeld auf.
- ☐ Ein Bus brachte sie vom Flugzeug zum Ankunftsbereich.

4. Von Meer zu Meer

An den winkend ihre Dienste anbietenden Taxifahrern vorbei verließ Elsa das Flughafengebäude. Sie atmete tief ein. Als sie den Flug in den Süden buchen wollte, hatte sie ganz allgemein an das Mittelmeer gedacht, an Strände, an denen sie liegen, und Berge, durch die sie wandern könnte, sich aber sogleich für Korsika entschieden, als man ihr vom Duft der Macchie erzählte. Selbst hier, in der Nähe der Hauptstadt, konnte sie ihn riechen.

11. Macchie *

Der immergrüne Buschwald der Macchie bedeckt etwa die Hälfte der Insel. Je nach Lage wachsen die Macchie zwischen zwei und fünf Metern hoch. Die am häufigsten darin vorkommenden Pflanzen sind Lavendel, Zistrose, Myrte, Ginster, Baumheide und Erdbeerbaum.

```
D V I L B U A M H I E D E F R
I R B A U M H E I D E I R R E
N E N V A V A H D G H G N Y T
S E N E R D B E E R B A U M S
T D E N S E R I B T A Y M D N
E B V D T I Y F H S R M A G I
R R A E S O R T S I Z Y U I G
G E L L R O G E T T R Y M N S
```

Finden Sie diese sechs Pflanzen so schnell wie möglich aus dem Buchstaben-Quadrat heraus (waagrecht, senkrecht oder diagonal).

Elsa kehrte in die Ankunftshalle zurück und erkundigte sich bei der Touristen-Information, wie sie nach Moriani-Plage käme, dem Ausgangspunkt der Wanderung. Neben ihr stand eine Frau etwa gleichen Alters, die aufmerksam zuhörte. Als Elsa erfahren hatte, was sie wissen wollte, und zur Seite trat, folgte ihr die Frau und stellte sich vor. Ihr Name war Nora Moe, sie stammte aus Norwegen und war mit der Absicht nach Korsika gekommen, entlang des »Mare a mare nord« zu wandern. Sie fragte Elsa, ob sie einverstanden wäre, den Weg mit ihr gemeinsam zu gehen.

54   4. Von Meer zu Meer

12. Zu zweit? **

Tragen Sie bitte hier die sechs Begriffe ein, zu welchen Sie sich in Aufgabe 9 paarweise skurrile Bilder ausgedacht haben:

_____

_____

(Sehen Sie nun auf Seite 52 nach, ob die Begriffe übereinstimmen.)

13. Elsa und Nora **

Finden Sie männliche oder weibliche Vornamen, die mit dem linken Buchstaben beginnen und mit dem rechten enden.

Die Anzahl der eingesetzten Buchstaben steht Ihnen frei.

E	_____	N
L	_____	O
S	_____	R
A	_____	A

Elsa fand Nora sympathisch und willigte ein. Sie konnte sich gut vorstellen, mit ihr gemeinsam zu wandern. Die Norwegerin war Kunsthistorikerin und beabsichtigte, nach dieser Wanderung spätromanische Kirchen zu besichtigen, die während Pisas Herrschaft über die Insel von 1077 bis 1284 n. Chr. erbaut worden waren. Vielleicht würde Elsa sie dabei begleiten.

14. Pisanische Kirchen **

Bilden Sie drei grammatikalisch richtige Sätze, die aus je vier Worten bestehen, deren Anfangsbuchstaben P, I, S und A sind (z. B. Paul isst sicherlich alles.):

_____

_____

4. Von Meer zu Meer   55

Während die beiden vor dem Flughafengebäude auf den Bus warteten, der sie nach Ajaccio bringen sollte, roch Elsa wieder den feinen Duft der Macchie und betrachtete ein Wappen, das an einer Säule angebracht war.

15. Das korsische Wappen *

Das rechte Wappen unterscheidet sich vom linken an sechs Stellen:

Nora hatte Elsas interessierten Blick bemerkt und erklärte ihr, manche seien der Ansicht, das Wappen Korsikas habe ursprünglich einen Mauren mit verbundenen Augen (als Zeichen der Sklaverei) gezeigt. Im 18. Jahrhundert habe der korsische Widerstandskämpfer Pascal Paoli die Binde in Richtung Stirn verschoben und damit angedeutet, dass die Korsen durch seine Reformen von der Sklaverei befreit worden seien. Elsa spürte auf einmal die große Distanz, die sie an diesem Tag zurückgelegt hatte. Vor nicht einmal sieben Stunden war sie in das Flugzeug gestiegen. Ein Teil von ihr hing zwar noch in der tristen Stimmung fest, in der sie Schweden verlassen hatte, doch es kam ihr so vor, als habe ein anderer Teil den Blick bereits zuversichtlich nach vorne gerichtet.

Lösungen

2. Auf gut Glück: z. B. Kleeblatt, Schwein, Fliegenpilz, Rauchfangkehrer (Schornstein-, Kaminfeger), Hufeisen, Mistel.

3. Korsika: z. B. Kork, Korb, Korn, Kordel, Korsett, Koralle, Korruption, Korrektur, Kormoran, Korridor.

4. Von Meer zu Meer: z. B. Schwarzes, Adriatisches, Ligurisches, Ionisches, Tyrrhenisches, Rotes, Totes, Karibisches Meer.

5. Wanderweg: 96 : 8 = 12 km; 12 : 6 = 2 km pro Stunde.

6. Hängebrücken: a) KE. b) DEN. c) ER. d) SEL. e) SE oder BE. f) TEN. g) MA. h) FEL. i) SE. j) FEN. k) GN. l) RIK.

7. Wandersocken: Angenommen, eine der beiden entnommenen Socken ist grau: Dann kann die zweite Socke entweder wieder grau sein oder eine von zwei grünen oder eine von zwei blauen Socken, d. h. es gibt fünf Kombinationsmöglichkeiten, daher beträgt die Wahrscheinlichkeit, zwei gleiche Socken zu erwischen, 1/5 oder 20 Prozent.

8. Markierung

GRNOGSEARONOEKRANG**LH**ERONTARAEGEZANGEORA
REO**W**ANGE**ME**NANOGRA**P**ORGNARRONGAREE**D**ERBEGE
ARGONA**CK**ENOA**H**REGE**NT**AGE**IE**R**B**ENGRA**M**OORGANG
OGERNAGE**NT**EIGNEORNA**S**ENNER**PELL**ERONENNANGE**J**
EROGORA**HNUNG**VOR**B**EREAA**X**ONAERGERNIO**B**EUGEN

10. Ankunft: 3 – 5 – 2 – 6 – 1 – 4.

11. Macchie

```
D V I L B U A M H I E D E F R
I R B A U M H E I D E I R R E
N E N V A V A H D G H G N Y T
S E N E R D B E E R B A U M S
T D E N S E R I B T A Y M D N
E B V D T I Y F H S R M A G I
R R A E S O R T S I Z Y U I G
G E L L R O G E T T R Y M N S
```

15. Das korsische Wappen

13. Elsa und Nora
z. B. Egon, Leo, Sigmar, Anita.

5. Von Rittern und Briten

Niels Pedersen wartete eine Stunde, dann fing er an, sich Sorgen zu machen. Er saß in einem kleinen Café in Mdina vor einem Backgammon-Brett und einem Espresso. Zunächst überprüfte er, ob der Wochentag stimmte. Aber es war ein Dienstag, wie immer. Er bat eine Kellnerin, ihm die Uhrzeit zu sagen, doch seine Armbanduhr zeigte ebenso zehn Uhr an. Dienstags um neun, von November bis Februar, so lautete die Abmachung seit vier Jahren. Das Wetter war heute typisch für einen dieser windigen, aber sonnigen Februartage, kein Grund, sich zu verspäten. Er bat die Kellnerin erneut zu sich, um sich bestätigen zu lassen, dass niemand für ihn angerufen hatte. Seit fünf Jahren verbrachte Pedersen den Winter auf Malta. Nach seiner Pensionierung hatte er endlich die Möglichkeit, der Kälte des dänischen Winters zu entfliehen. Zu seinem Glück war ihm dann gleich im zweiten Jahr John Greene begegnet. Es hatte sich herausgestellt, dass Greene mit ähnlicher Begeisterung wie Pedersen Tavli spielte, die griechische Variante von Backgammon. In den vergangenen vier Jahren war Greene nur ein einziges Mal zu spät gekommen, vor zwei Jahren, wegen einer Reifenpanne. Aber er hatte damals sofort im Café angerufen. Niels Pedersen blickte erneut auf die Uhr.

1. Mdina **

Die Stadt im Herzen Maltas, im Mittelalter Hauptstadt der Insel, hat etwa neunhundert Einwohner und liegt auf einem an drei Seiten steil abfallenden Felsplateau.

Finden Sie im folgenden Buchstaben-Rechteck so rasch wie möglich das Wort MDINA heraus, das neun Mal versteckt ist (waagrecht und senkrecht):

```
D I N A M D N I A N I M D I N
MD I N N A A M A D I D N M D
 I N M I D A N M I A N I D M A
N A M D M N A D A N M N D I A
A N M M D I N A D I N A M D A
D N A M I A I N D D M N A D I
N D I A N I D M I M D I N A M
MN D I A N M D I I N A D M N
```

Pedersen klappte das Backgammon-Brett zu, steckte es in seinen Rucksack und stand auf. In seine Sorge um den Verbleib des Spielpartners mischte sich jetzt etwas Ärger, dass er nicht gekommen war. Doch die Sorge überwog. Er musste herausfinden, warum Greene die Verabredung nicht eingehalten hatte.

2. In Bewegung kommen

Stehen Sie nun auf und dehnen, recken und strecken Sie sich in alle Richtungen etwa eine Minute lang. Stellen Sie sich dann stabil hin, gehen Sie ganz leicht in die Knie und schwingen Sie beide Arme gleichzeitig parallel neben dem Körper vor und zurück, wobei Sie immer ein wenig mit den Knien mitfedern. Nach etwa einer Minute schwingen Sie eine weitere Minute lang die Arme gegengleich vor und zurück. Und zum Abschluss beugen Sie sich ganz leicht nach vorne und schwingen beide Arme parallel vor dem Körper nach rechts und links (eine Minute lang).

5. Von Rittern und Briten

Pedersen verließ das Café und den »Platz des Erzbischofs«.
Während er Mdina durchquerte, um zu seinem außerhalb der für
den Autoverkehr gesperrten Stadt geparkten Wagen zu gelangen,
begann sein Kopf, sich mögliche Ursachen für Greenes Fernblei-
ben auszudenken.

3. Greenes Alter *

Im kommenden Jahr würden er und Greene zusammen 150 Jahre
alt werden. Obwohl zwölf Jahre älter als Pedersen, war Greene
beim Tavli ein ebenbürtiger Gegner.

Wie alt war John Greene?

Pedersen dachte an Greenes Alter, seine zunehmende Gebrech-
lichkeit und die Unbekümmertheit, mit der er bisher damit
zurechtgekommen war. Greene hatte bis vor zehn Jahren als Che-
miker in einem Pharmakonzern gearbeitet. Manchmal, wenn er
eine Partie gegen Greene verloren hatte, fragte ihn Pedersen, ob er
ihm nicht ein paar von den Pillen abgeben könnte, die ihn geistig
so fit machten. Greene lachte stets über diesen Scherz und entgeg-
nete bloß: »Training, mein Freund, das ist jahrelanges Training!«

4. Greenes geistige Fitness **

Streichen Sie so schnell wie möglich alle Buchstaben durch, die
nicht im Wort GREENE vorkommen:

GHRTEZHENEKALRREGZOPGWEERQHVAERNNSFDGRNE
REUENGELHFMROEEPRANNENURGPBNYENGRREGFUPW
DFDGEMNERNLKWEGRNEEUIOLEREGSXVEHRGSKHGRE
HWKJREEGNRRNKJHRIWEADCHREEGRHNNUEHRNBERA

60   5. Von Rittern und Briten

Pedersen erinnerte sich gut an jenen kühlen Novembermorgen vor vier Jahren, als er Greene im Seitenschiff der barocken Kathedrale Saint Peter and Paul kennengelernt hatte. Sie waren gleichzeitig vor der aus irischer Mooreiche geschnitzten Tür gestanden, die noch aus normannischer Zeit (11.–12. Jh. n. Chr.) stammte.

5. Die geschnitzte Tür **

Bilden Sie mindestens fünf Verben mit den Buchstaben des Wortes SEITENSCHIFF (z. B. sehen):

_____

_____

Greene hatte ihm damals ein paar kaum bekannte Einzelheiten aus der Geschichte der Kathedrale erzählt, sodass Pedersen vermutet hatte, einen Historiker vor sich zu haben. Sie waren dann gemeinsam Kaffee trinken gegangen.

6. Pedersen *

Bringen Sie die Buchstaben in die richtige Reihenfolge und Sie erhalten Informationen über Niels Pedersen:

Haarfarbe:	RETTÜNB	_____
Augenfarbe:	NÜRG	_____
Geburtsort:	PENGEKHANO	_____
Beruf:	SCHIPETRAY	_____
Familienstand:	GENEDIESCH	_____

5. Von Rittern und Briten   **61**

In Erinnerungen versunken trat er zu seinem Mietwagen, sperrte die Tür auf und stieg ein. Er dachte an Greenes verschmitztes Lächeln, wenn er einen Zug gemacht hatte, auf den er besonders stolz war. Plötzlich bemerkte Pedersen, dass das Lenkrad fehlte. Einen Augenblick später hatte sich seine Verwirrung gelegt, er stieg aus und auf der rechten Seite des Autos wieder ein, wo sich nun auch das Lenkrad befand.

7. Linksverkehr *

Auf Malta wird nicht nur nach britischer Tradition links gefahren, auch eine Vorliebe für Kreisverkehre ist nicht zu übersehen.

Finden Sie den Weg vom Start (links oben) zum Ziel (rechts unten)? Zeichnen Sie ihn mit jener Hand ein, mit der Sie normalerweise nicht schreiben:

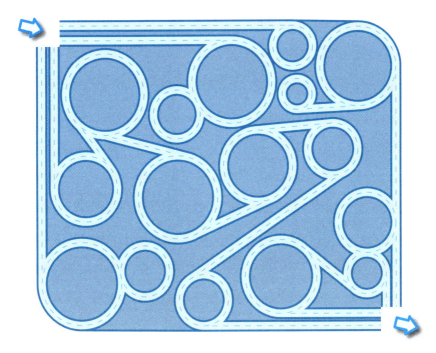

62   5. Von Rittern und Briten

Zunächst fuhr er zu Greenes Haus. Wie Pedersen hatte sich Greene schon vor Jahren eine kostengünstige private Unterkunft organisiert. Und wie er hatte auch Greene die Unterkunft seither nicht mehr gewechselt. Pedersen wusste, wo sein Spielpartner wohnte, da er ihn einmal abgeholt hatte, als dessen Auto repariert wurde. Er fuhr quer durch Rabat, das unmittelbar an Mdina anschließt, zu einem kleinen Haus am Ortsrand.

8. Rabat **

Mdina und Rabat bilden eine »Doppelstadt«. Während das Leben in Mdina von einem beschaulich ruhigen Rhythmus geprägt ist, herrscht gleich daneben in Rabat das geschäftige Treiben einer ländlichen Kleinstadt vor.

Finden Sie pro Zeile mindestens zwei Eigenschaftswörter, in denen der angegebene Buchstabe an zweiter Stelle enthalten ist:

r _____ ___

a _____ ___

b _____ ___

a _____ ___

t _____ ___

Er stellte den Wagen vor Greenes Haus ab, fand das Eingangstor verschlossen und schlug den wuchtigen bronzenen Türklopfer mehrmals gegen die Metallplatte. Niemand öffnete. Er horchte. Kein Laut drang aus dem Gebäude. Er wartete, klopfte erneut und wartete wieder. Da ging ein Fenster eines Nebenhauses auf und eine alte Frau erklärte ihm, sie habe den Engländer vor drei Tagen wegfahren gesehen. Er sei seither nicht wieder da gewesen.

5. Von Rittern und Briten

Pedersen stieg in sein Auto und fuhr los in Richtung Hagar Qim. Dort hielt sich Greene üblicherweise an Montagen auf und bot Führungen an.

9. Hagar Qim *

Der Tempel von Hagar Qim an der Südküste Maltas stammt aus der Jungsteinzeit (Ggantija-Phase um 3500 v. Chr.).

Für welches Wort stehen die sechs Zahlen in diesem Grundriss von Hagar Qim?

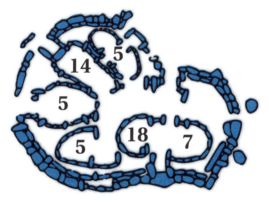

Während er das Auto auf schmalen Straßen am Gegenverkehr vorbei manövrierte, musste er wieder an Greenes gewaltiges Wissen über die Geschichte Maltas denken.

10. Maltas Ritter *

Prägen Sie sich die folgenden Informationen gut ein:

Als die Johanniter-Ritter im Jahr 1522 von Rhodos vertrieben wurden, erhielten sie von Kaiser Karl V. Malta als Lehen. Sie verlegten die Hauptstadt von Mdina nach Valetta und verließen Malta erst 1798, nachdem sie die Insel Napoleon Bonaparte kampflos übergeben hatten.

64   5. Von Rittern und Briten

Kreuzen Sie bitte an, ob die folgenden Aussagen stimmen oder nicht.
Falls Sie eine Aussage für falsch halten, notieren Sie bitte, wie sie
korrekt lauten müsste:

a) Die Malteser-Ritter wurden von Zypern vertrieben.

☐ Stimmt   ☐ Stimmt nicht,

sondern _____

b) Kaiser Karl V. gab ihnen Malta als Lehen.

☐ Stimmt   ☐ Stimmt nicht,

sondern _____

c) Sie verlegten die Hauptstadt von Valetta nach Mdina.

☐ Stimmt   ☐ Stimmt nicht,

sondern _____

d) Sie verließen Malta im Jahr 1789.

☐ Stimmt   ☐ Stimmt nicht,

sondern _____

e) Napoleon Bonaparte eroberte Malta kampflos im Jahr 1798.

☐ Stimmt   ☐ Stimmt nicht,

sondern _____

In Hagar Qim erfuhr Pedersen, dass Greene am Vortag bloß angerufen und gesagt hatte, er könne ausnahmsweise keine Führungen
machen, er sei in Marsaxlokk (sprich: Marßaschlock) unabkömmlich.

11. Marsaxlokk *

Finden Sie mindestens acht Hauptwörter, die ein X enthalten:

_____

_____

5. Von Rittern und Briten 65

Auf der Fahrt nach Marsaxlokk hielt Pedersen, einer plötzlichen Idee folgend, an einer Polizeistation und bat dort, Krankenhäuser anzurufen und zu fragen, ob ein John Greene eingeliefert worden sei. Das Anliegen wunderte den Polizisten sichtlich, doch anscheinend beeindruckte ihn, wie eindringlich es der Däne vorgebracht hatte, denn er telefonierte sogleich und teilte ihm schließlich mit, dass nirgendwo jemand namens Greene aufgenommen worden sei.

12. Polizeistation *

Während des Telefonats erinnerte sich Pedersen, dass Greene Marsaxlokk vor kurzem als seinen Lieblingsplatz auf der Insel bezeichnet hatte.

Lesen Sie so rasch wie möglich den folgenden Text:

kleinegrellbuntefischerbooteschaukelnnebengrößerenfischkutter nimhafenvonmarsaxlokkaufderkaimauersitzendflickenfischerfa miliennetzeundentlangderschmalenhafenstraßeliegenkleinecafé sundwinzigefischrestaurantsaufeinemgepflastertenplatzvordem hafenwerdeninmarktzeltenwarenausallerweltangeboten

Da auf Malta keine zwei Orte weiter als 40 Kilometer Luftlinie voneinander entfernt liegen, kam Pedersen nach nur 20 Minuten Fahrt in Marsaxlokk an und parkte das Auto neben dem Hafen.

13. Fischerboote *

Welches Wort passt pro Zeile nicht dazu?

a) Boot, Schiff, Kutter, Dschunke, Bullauge.
b) Fisch, Meerkatze, Hummer, Seepferdchen, Delfin.
c) Haken, Angel, Netz, Schildkröte, Harpune.
d) Kapitän, Anker, Mast, Steuerruder, Kajüte.
e) Paddel, Segel, Echolot, Motor, Ruder.

66   5. Von Rittern und Briten

Er ging die Hafenstraße entlang, sah, wie ein Fischkutter auslief,
musterte die Lokale am Straßenrand und versuchte, sie durch
Greenes Augen zu betrachten. In welches würde der Brite wohl
gerne essen gehen?

14. Fischrestaurants **

*Finden Sie Wörter, die zum linken Wort als zweiter Teil und zum
rechten Wort als erster Teil passen, sodass zwei zusammengesetzte
Hauptwörter entstehen.*

Ein Beispiel: Finger-_____ -schere
                       (Lösung: Nagel; Fingernagel und Nagelschere)

a) Schwert-_____-kutter   b) Grund-_____-wunde

c) Halb-_____-verkehr   d) Feuer-_____-zeit

e) Auto-_____-panne   f) Steuer-_____-boot

Nachdem er alle Lokale gesehen hatte, beschloss er, im Fischres-
taurant »Maltese Falcon« nachzufragen, ob Greene bekannt sei. Er
betrat die enge Gaststube und beschrieb einem Kellner das Aussehen des Briten. Schon nach wenigen Worten nickte dieser und
meinte, Greene habe für zwölf Uhr einen Tisch reserviert. Pedersen ließ sich den Tisch zeigen, setzte sich trotz der Bitte des Kell-
ners, am Nebentisch Platz zu nehmen, dorthin und bestellte ein
Glas Kinnie, eine herbe Limonade aus Wermutkräutern und Bitter-
orangenextrakten. Nun war seine Sorge verflogen und heftigem
Unmut gewichen. Dafür musste ihm Greene aber eine wirklich
gute Erklärung geben!

Es war 11.45 Uhr. Pedersen wartete ungeduldig. Hatte Greene über
Nacht sein Gedächtnis verloren? Waren ihm die Wochentage
durcheinandergeraten?

5. Von Rittern und Briten

15. Wochentage *

Finden Sie die Antwort heraus:

a) Welcher Tag ist heute, wenn vor fünf Tagen Freitag war?

b) Welcher Tag ist heute, wenn in elf Tagen Montag sein wird?

Pedersen spürte einen kühlen Hauch vom Eingang her, blickte auf und sah den Briten in der Tür stehen, an seiner Seite eine hübsche Frau, geschmackvoll gekleidet und etwas jünger als Greene, der Pedersen sofort bemerkte. Er hob überrascht die Hände, eilte freudig auf ihn zu und entschuldigte sich, dass er ihn versetzt habe. Als er im Café angerufen habe, sei Pedersen schon fort gewesen. Er bedaure es zutiefst, aber er habe verschlafen. Verschmitzt fügte er hinzu, es sei eine lange Nacht gewesen. Er habe den Wecker am Morgen einfach nicht gehört. Dann stellte er dem verblüfften Dänen Esther Horn vor, eine pensionierte Historikerin, die er vor acht Tagen in Hagar Qim kennengelernt hatte.

Lösungen

1. Mdina

```
D I N A M D N I A N I M D I N
M D I N N A A M A D I D N M D
I N M I D A N M I A N I D M A
N A M D M N A D A N M N D I A
A N M M D I N A D I N A M D A
D N A M I A I N D D M N A D I
N D I A N I D M I M D I N A M
M N D I A N M D I I N A D M N
```

3. Greenes Alter: 150 – 12 = 138; 138 : 2 = 69; 69 – 1 = 68 (Pedersens Alter); 68 + 12 = 80 (Greenes Alter).

68   5. Von Rittern und Briten

4. Greenes geistige Fitness

GHRTEZHENEKALRREGZOPGWEERQHVAERNNSFDGRNE
REUENGELHFMROEEPRANNENURGPBNYENGRREGFUPW
DFDGEMNERNLKWEGRNEEUIOLEREGSXVEHRGSKHGRE
HWKJREEGNRRNKJHRIWEADCHREEGRHNNUEHRNBERA

5. Die geschnitzte Tür: z. B. fischen, stehen, hissen, stechen, nisten.

6. Pedersen: Brünett; grün, Kopenhagen, Psychiater, geschieden.

8. Rabat: z. B. kreativ, originell, fantasievoll, rabiat, absurd, überdimen-
sional, labil, harmonisch, steil, attraktiv.

9. Hagar Qim: Wenn Sie bei 7 beginnen und im Uhrzeigersinn weitergehen sowie statt jeder Zahl den entsprechenden Buchstaben des Alphabets
nehmen, erhalten Sie »GREENE« (G ist der 7. Buchstabe des Alphabets, R
ist der 18. Buchstabe usw.).

10. Maltas Ritter: a) Stimmt nicht, sondern die Johanniter-Ritter wurden
von Rhodos vertrieben. b) Stimmt. c) Stimmt nicht, sondern von Mdina
nach Valetta. d) Stimmt nicht, sondern 1798. e) Stimmt.

11. Marsaxlokk: z. B. Taxi, Praxis, Mixtur, Axt, Nixe, Hexe, Fixstern, Sex.

12. Polizeistation: Kleine, grellbunte Fischerboote schaukeln neben grö-
ßeren Fischkuttern im Hafen von Marsaxlokk. Auf der Kaimauer sitzend
flicken Fischerfamilien Netze und entlang der schmalen Hafenstraße liegen kleine Cafés und winzige Fischrestaurants. Auf einem gepflasterten
Platz vor dem Hafen werden in Marktzelten Waren aus aller Welt angeboten.

13. Fischerboote: a) Bullauge. b) Meerkatze. c) Schildkröte. d) Kapitän.
e) Echolot.

14. Fischrestaurants: a) Fisch. b) Riss oder Schnitt. c) Kreis. d) Stein.
e) Reifen. f) Ruder.

15. Wochentage: a) Mittwoch. b) Donnerstag.

6. Die Pfote des Luchses

Nora war abgereist. In drei Wochen erst würde sie zurückkehren. Jonas Olsen überholte einen Sattelschlepper und dachte an den Abend zurück, als sie ihm ihre Entscheidung mitgeteilt hatte, alleine nach Korsika zu fliegen. Sie hatte weder traurig gewirkt noch zornig, nur sehr bestimmt, sodass Jonas gleich sicher gewesen war, dass es keinen Sinn hatte, mit ihr darüber zu diskutieren. Sie brauche Zeit für sich, hatte sie gesagt und ihn dabei nicht angesehen. Für Jonas war es eine bittere Überraschung gewesen. Ein paar Wochen vorher hatten sie noch ihre Urlaubstage aufeinander abgestimmt! Er hatte bloß genickt, die Kellnerin gerufen und ein Bier bestellt. Nach diesem Abend war dann aber wider Erwarten alles wie vorher weitergegangen. Sie hatten einander gelegentlich getroffen, vier Nächte miteinander verbracht und ein Blueskonzert von Bjørn Berge gemeinsam besucht. Gestern hatte er Nora sogar zum Flughafen begleitet. Er war am Fenster der Abflughalle gestanden, hatte ihr Flugzeug in den Himmel steigen gesehen und sich gefragt, was wohl nach den drei Wochen sein würde. Am nächsten Morgen hatte er gepackt, den Koffer auf das Motorrad montiert und war losgefahren. Er hatte mit Kaja telefoniert und vereinbart, im Laufe des folgenden Tages bei ihr einzutreffen. Von Trondheim war er auf der Europastraße 6 nach Norden über Grong und Grane nach Rana gefahren, danach an Fauske und Ballangen vorbeigerast und nun befand er sich nur mehr wenige Kilometer vor Narvik. Hier beabsichtigte er zu übernachten. Die Fahrt war anstrengender gewesen als erwartet, trotz des strahlenden Sonnenscheins und des wenigen Verkehrs. Er hatte die Distanz so rasch wie möglich überwinden wollen und war daher nicht selten riskanter gefahren als sonst. Wäre Nora bei ihm gewesen, hätten sie gewiss öfter angehalten und zwischendurch einen Umweg gemacht, zu einem malerischen Fjord etwa oder einer alten Holzkirche. Aber Nora war längst auf Korsika und Jonas allein unterwegs. Er fragte sich, wie es sein würde, Kaja nach so langer Zeit wiederzusehen.

70   6. Die Pfote des Luchses

1. In Narvik

Setzen Sie sich so, dass vor Ihnen freier Raum ist. Strecken Sie nun die Beine und Füße aus, drücken Sie beide Beine zusammen und zeichnen Sie mit den Zehenspitzen einen Kreis im Uhrzeigersinn in die Luft. Wiederholen Sie das fünfmal, danach fünfmal gegen den Uhrzeigersinn. Stellen Sie die Füße auf den Boden und lockern Sie die Muskulatur, indem Sie die Knie rasch hin und her bewegen, sodass die Ober- und Unterschenkelmuskeln schlenkern. Strecken Sie nun erneut Beine und Füße aus, diesmal aber mit etwa dreißig Zentimeter Abstand. Zeichnen Sie nun fünfmal zwei Kreise (gleichzeitig mit den linken und mit den rechten Zehenspitzen) im Uhrzeigersinn, fünfmal gegen den Uhrzeigersinn.

Falls Ihnen diese Übung sehr schwer fällt, dann ändern Sie sie bitte folgendermaßen ab: Strecken Sie nur ein Bein aus, während der andere Fuß auf dem Boden steht, und kreisen Sie mit den Zehenspitzen des ausgestreckten Fußes fünfmal im Uhrzeigersinn. Wechseln Sie dann das Bein und wiederholen Sie die Kreisbewegung im Uhrzeigersinn. Wiederholen Sie die Übung mit fünf Kreisen gegen den Uhrzeigersinn, zuerst das eine, dann das andere Bein.

Am folgenden Tag erreichte Jonas gegen zehn Uhr die neue Brücke, die nördlich von Narvik das Festland mit der Inselgruppe der Lofoten verbindet.

2. Luchspfote ** ⛬

Der Name »Lofoten« bedeutet – wörtlich übersetzt – Pfote (»foten«) des Luchses (»lo«).

Finden Sie mindestens vier deutsche Hauptwörter <u>in der Einzahl</u>, die mit -TEN enden:

6. Die Pfote des Luchses

71

3. Lofoten ** ☀️

Die Inselgruppe der Lofoten liegt vor der Küste Norwegens und besteht aus etwa achtzig Inseln, hundert bis dreihundert Kilometer nördlich des Polarkreises gelegen.

Welche Wörter passen rechts, damit vier sinnvolle, zusammengesetzte Hauptwörter entstehen?
Zum Beispiel: Sonnen Finger Stroh Zylinder _____ (Lösung: Hut)

Insel	Reise	Baum	Musik	_____
Motor	Steuer	Zahn	Drei	_____
Polar	Tier	Wende	Land	_____
Zehen	Speer	Konzern	Zungen	_____
Abflug	Messe	Markt	Konzert	_____

Trotz der hellen Nacht hatte Jonas gut geschlafen. Er liebte die Nächte, in denen die Sonne nicht unterging. Sie erinnerten ihn an die Schulferien, die er früher so oft wie möglich bei seiner Tante Tuva in Moskenes verbracht hatte.

4. Polarkreis *** ☀️

Polarkreise sind jene südlichen oder nördlichen Breitengrade (66,56°), auf denen die Sonne zur Sonnenwende gerade nicht mehr auf- (Winter) oder untergeht (Sommer).

Reihen Sie die folgenden Orte nach dem Breitengrad von Süden nach Norden (entsprechend der Reiseroute von Jonas):

Fauske – Grane – Ballangen – Trondheim – Rana – Grong

72 6. Die Pfote des Luchses

Heute würde er aber nicht in Moskenes bleiben, sondern zu Kaja weiterfahren. Er hatte die Brücke verlassen und fuhr nun auf Hanøy zu.

5. Hanøy *** ☼

Der norwegische Buchstabe ø wird wie »ö« ausgesprochen.
Zählen Sie nun, wie oft bei den folgenden Buchstaben ein Ø vorkommt, und markieren Sie dabei gleichzeitig jene Buchstaben, die einen Buchstaben Abstand voneinander haben (z. B. ÕŌÕ):

⊖O⊖ŌØⱺŌØⱺⱺ⊖OØⱺ⊖ŌÕŌ⊖OⱺⱺÕ⊖ŌⱺÕŌØⱺ⊖ŌÕŌⱺ⊖OOⱺØØⱺOØŌ
ÕŌⱺÕ⊖ŌØØⱺ⊖ØⱺⱺⱺÕŌOØOÕⱺØⱺ⊖ŌÕⱺØŌÕŌOⱺØØⱺOØÕŌÕⱺⱺØŌOÕØⱺ

Anzahl: _____

Der Sonnenschein und die milde Temperatur von 25°C riefen in ihm Erinnerungen an unbeschwerte Ferientage wach, an kurze Hosen, kurzärmelige Hemden und abgeschürfte Knie.

6. Golfstrom * ☼

Durch die nördlichen Ausläufer des Golfstroms ist das Klima auf den Lofoten relativ mild, im Winter sinkt die Temperatur bis minus 15°C ab und im Sommer steigt sie bis plus 30°C an.

Wie gelangen Sie von GOLF zu HEMD?

Ergänzen Sie pro Zeile ein deutsches Hauptwort und tauschen Sie von Zeile zu Zeile nur einen Buchstaben aus:

G	O	L	F
H	E	M	D

6. Die Pfote des Luchses

In den ersten Ferien, die er in Moskenes verbracht hatte (damals war er gerade acht Jahre alt geworden), hatte ihn sein Onkel manchmal zum Fischen mitgenommen. Der Geschmack seines ersten selbst gefangenen Polardorschs, den die Tante am nächsten Tag gebraten hatte, war unvergleichlich gewesen.

7. Polardorsch *

Welcher Polardorsch passt nicht zu den übrigen drei?

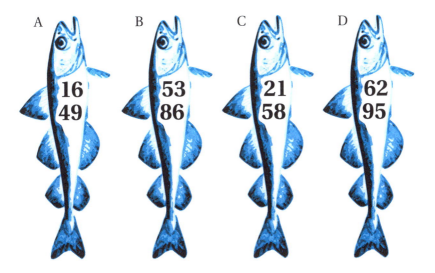

Jonas näherte sich Svolvær, dem Verwaltungszentrum der Inselgruppe. Hier hatte ihm Onkel Erik zum zehnten Geburtstag seine erste Angel gekauft.

8. Die erste Angel **

Bilden Sie vier Anagramme (Buchstabenmischungen) des Wortes ANGEL, bei welchen Sie jeweils alle fünf Buchstaben verwenden:

74 6. Die Pfote des Luchses

Mit dieser Angel hatte er zwei Jahre später den bisher größten Fisch seines Lebens gefangen. Damals war ein Foto, das ihn mit dem Fang zeigte, sogar in der Lokalzeitung veröffentlicht worden. Das war vor sechzehn Jahren gewesen. Es war lange her, doch während der Fahrt wurde die Erinnerung daran lebendig.

9. Es war lange her *

In welchem Alter fuhr Jonas mit dem Motorrad zu den Lofoten?

Seit er siebzehn war, hatte Jonas die Lofoten nicht mehr besucht. Inzwischen hatte er studiert und eine Stelle bei einem Architekten angenommen. Er erinnerte sich, dass einige Inseln früher nur mittels Fähre zu erreichen gewesen waren. Nun wurden die Hauptinseln durchgängig von der Europastraße 10 verbunden. Dennoch hatte er den Eindruck, dass sich seit damals kaum etwas verändert hatte. Wie gern hätte er Nora das alles gezeigt!

10. Nora **

Welche Buchstaben fehlen?

Ergänzen Sie das Rechteck, sodass waagrecht und senkrecht sinnvolle deutsche Hauptwörter stehen:

N	O	R	A
O			L
R			S
A	L	S	O

54 Kilometer nach Svolvær, kurz vor Borg, fiel ihm ein, dass ihm Tante Tuva einmal am Telefon von einem neu eröffneten Wikingermuseum in Borg erzählt hatte. Der Sitz eines Häuptlings mit einer gewaltigen, 83 Meter langen Halle sei dort rekonstruiert worden und nachgebaute Wikingerschiffe lägen im Hafen.

6. Die Pfote des Luchses 75

Jonas verließ die Europastraße und fuhr zum »Lofotr«-Museum, um sich die Architektur des Gebäudes und die Schiffe anzusehen. Lofotr war um etwa 500 n. Chr. einer von fünf bis zehn nordnorwegischen Häuptlingssitzen der Wikinger.

11. Häuptlingssitz **

Er war beeindruckt. Das Dach des Gebäudes sah wie ein riesiger umgedrehter Schiffsrumpf aus und die Außenmauern waren aus Torf errichtet.

Finden Sie so rasch wie möglich mindestens sieben Hauptwörter (in der Einzahl), die aus vier Buchstaben bestehen, deren mittlere beiden »OR« sind:

_____

_____

12. Wikingerschiff **

Im Museum wurde ihm sogar angeboten, gemeinsam mit einer Reisegruppe mit dem Schiff auf das Meer hinauszufahren.

Welche Zahlen passen statt der Fragezeichen, damit das Zahlenquadrat perfekt wird?

76   6. Die Pfote des Luchses

Er war sich sicher, dass er damals in den Ferien auf so eine Fahrt niemals verzichtet hätte. Jetzt aber brach er gleich wieder auf, durchquerte die Inseln Vestvågøy und Flakstadøy und erreichte schließlich Moskenesøy, seine ehemalige Ferieninsel, und Hamnøy, das Fischerdorf, wo er für Kaja und sich vor ihrer ersten wirklich schwierigen Wanderung eine riesige Tafel Schokolade gekauft hatte.

13. Hamnøy *

Er erinnerte sich an das kleine Kaufhaus, hinter dem auf meterlangen Trockengerüsten Stockfische getrocknet worden waren. Langsam lenkte er das Motorrad zwischen den rot-weiß gestrichenen Fischerhütten hindurch.

Jede Spalte enthält einen Teil eines dreigeteilten Wortes. Verbinden Sie die zusammengehörenden Wortteile mit Linien (zum Beispiel: Kaufhaus):

Ka	kfis	ße
Fisc	orr	ktur
Stoc	gers	ütte
Trock	hite	üst
Mot	**ufha**	ch
Wikin	astra	chiff
Arc	enger	**us**
Europ	herh	ad

Er war vierzehn gewesen, Kaja ein Jahr älter. Sie hatten beschlossen, gemeinsam von Hamnøy aus über einen schwierigen Pfad durch die mächtigen, bis über tausend Meter hohen Berge zu einer Bucht an der Westseite der Insel zu wandern. Dort hatte sie Onkel Erik gegen Abend mit dem Boot abholen wollen. Diese Wanderung würde ihm nicht nur wegen des gefährlichen Pfades für immer im Gedächtnis bleiben.

6. Die Pfote des Luchses   **77**

Sie waren mehrmals vom richtigen Weg abgekommen und hatten die Bucht völlig erschöpft viel später als geplant erreicht. Von Onkel Erik war nichts zu sehen gewesen.

14. Die abgelegene Bucht *

Gibt es vielleicht auch in Ihrem Leben eine Wanderung, die Ihnen ganz besonders im Gedächtnis geblieben ist? Rufen Sie sich nun möglichst viele Einzelheiten (Gerüche, Bilder, Geräusche, …) dieser Wanderung in Erinnerung.

Unterwegs hatten sie den gesamten Proviant bis auf eine halbe Tafel Schokolade aufgegessen. Als bei ihrer Ankunft in der Bucht Onkel Erik nicht dagewesen war, hatten sie die restliche Schokolade verzehrt, um sich zu beruhigen. Der Onkel war dann eine Stunde später eingetroffen, weil er sie in anderen Buchten gesucht hatte, nachdem er sie zum verabredeten Zeitpunkt nicht am vereinbarten Platz angetroffen hatte.

Gegen 15 Uhr durchquerte Jonas Moskenes ohne anzuhalten. Tante Tuva und Onkel Erik würde er an einem der kommenden Tage besuchen. Jetzt war er auf dem Weg nach Å, dem Ort mit dem kürzesten Namen, dem Endpunkt der Europastraße 10, wo Kaja seit fünf Jahren mit ihrem Mann und zwei kleinen Kindern lebte.

15. Å ***

Der norwegische Buchstabe Å wird wie »o« ausgesprochen. Bilden Sie nun zwei (durchaus auch skurrile) Sätze mit je mindestens fünf Worten, in welchen ausschließlich der Vokal »o« vorkommt:

_____

_____

(Zum Beispiel: Obwohl Otto Obst holt, schmollt Bodo.)

78

Er stellte das Motorrad vor ihrem Haus ab. Hier würde er während der nächsten drei Wochen wohnen. Ein etwa vierjähriges Mädchen, das gerade im Garten spielte, unterbrach erschrocken ihr Spiel und lief ins Haus. Kurz darauf trat Kaja aus der Tür. Er hatte seine Kusine lange nicht gesehen, erkannte sie aber sofort wieder. Sie kam auf ihn zu und umarmte ihn. Jonas kam es auf einmal so vor, als wäre er nur ganz kurz von hier fort gewesen.

Lösungen

2. Luchspfote: z. B. Garten, Schatten, Schlitten, Posten.

3. Lofoten: Gruppe, Rad, Kreis, Spitze, Halle.

4. Polarkreis: Trondheim, Grong, Grane, Rana, Fauske, Ballangen.

5. Hanøy: 22 Mal.

⊖○Õ⊘Õ○⊘⊘⊖○○⊘⊖⊘ÕÕ○⊘⊖Õ⊖⊘○⊖Õ○Õ○⊘⊖ÕÕÕ⊖○○⊖⊘⊘○⊘Õ
ÕÕ⊖Õ○⊘⊘⊖⊘⊘⊖⊖Õ○○⊘○Õ⊖⊘⊖Õ○Õ⊖⊘ÕÕ○⊖⊘⊘○○⊘ÕÕÕ⊖⊖⊘Õ○○Õ⊖⊖

6. Golfstrom: GOLF – GOLD – GELD – HELD – HEMD.

7. Polardorsch: C, weil die Differenz der beiden Zahlen nicht 33, sondern 37 ist.

8. Die erste Angel: Nagel, Lagen, Algen, lange.

9. Es war lange her: 10 (erste Angel) + 2 + 16 = mit 28 Jahren.

10. Nora

N	O	R	A
O	P	A	L
R	A	P	S
A	L	S	O

11. Häuptlingssitz: z. B. Korn, Wort, Hort, Mord, Horn, Zorn, Bord.

12. Wikingerschiff: Links unten fehlt 4 und rechts oben 6, damit die Summe der Zahlen in jeder Zeile, Spalte und Diagonale 15 beträgt.

13. Hamnøy: Fischerhütte, Stockfisch, Trockengerüst, Motorrad, Wikingerschiff, Architektur, Europastraße.

7. Dreieck mit Vulkan

Er hatte es schweren Herzens zu Ende gebracht, die Kanzlei verkauft, die Klienten und die Sekretärinnen dem Nachfolger weitergegeben und die Buchhaltung abgeschlossen. Während dieser wochenlangen Bemühungen hatte er unaufhörlich an Urs denken müssen. Selbstverständlich hätte er ihn in den ersten Jahren unterstützt, ihn allmählich an die Details der Arbeit herangeführt, ihm seine beachtlichen Insider-Kenntnisse weitergegeben, ihm einflussreiche Kollegen und langjährige Klienten vorgestellt, ihm also jenen Weg geebnet, den vor Urs schon vier Generationen seiner Familie höchst erfolgreich beschritten hatten. Auch wenn sie nur eine kleine Kanzlei in einem schmalen Tal fernab der Hauptstadt betrieben hatten, zwei von vier Mitgliedern der Familie waren immerhin Präsidenten des Bernischen Anwaltsverbandes gewesen. Solche Ziele hätte er für seinen Sohn ohnehin vorerst nicht vorgesehen gehabt, zunächst wäre es bloß darum gegangen, sich in der täglichen Routine zu bewähren, jener Routine, in der er, Hans Knöpfli, das konnte er mit gutem Recht von sich behaupten, eine sagenhafte Präzision erreicht hatte. Doch jetzt war alles vorbei. Hans Knöpfli saß am Oberdeck einer Fähre, die ihn und seinen Geländewagen von Neapel nach Palermo trug, und betrachtete den Sonnenaufgang.

80

7. Dreieck mit Vulkan

Um 20.15 Uhr hatte die Autofähre »Nuraghes« in Neapel abgelegt. Jetzt war es 5.45 Uhr am Morgen. Er war um 4 Uhr aufgewacht und hatte nicht mehr einschlafen können.

1. Ein neuer Tag beginnt

Stehen Sie nun auf, dehnen und strecken Sie sich, schwingen Sie die Arme seitlich vor und zurück, schütteln Sie die Beine aus und machen Sie möglichst verrückte Grimassen.

Stellen Sie sich dann stabil hin und beginnen Sie, mit den Fingerspitzen auf den Kopf zu klopfen, nicht zu fest, sondern gerade angenehm spürbar. Beginnen Sie beim Scheitel und bedecken Sie dann den ganzen Kopf – auch das Gesicht – mit dieser leichten Klopfmassage. Setzen Sie das Klopfen über Ihren gesamten Körper bis zu den Zehenspitzen fort und versuchen Sie dabei, möglichst viele Körperstellen zu erreichen. Manche Stellen werden nach kräftigerem Klopfen verlangen, andere sachte Berührungen bevorzugen. Lassen Sie sich dabei so viel Zeit, wie Ihnen angenehm ist.

Er hatte Urs nicht gedrängt, im Gegenteil, lange hatte er ihm seinen Freiraum gelassen, wahrscheinlich sogar zu lange. Drei Jahre sollte Urs in Rom bleiben; vierzehn waren es schließlich geworden.

2. Freiraum *

Fügen Sie mindestens zehn weitere zusammengesetzte Hauptwörter hinzu, deren zweiter Teil zum ersten Teil des Folgewortes wird:

Freiraum – Raumspray – _____

_____

_____

7. Dreieck mit Vulkan

81

Als es dann darum gegangen war, die Kanzlei an den Sohn weiterzugeben, hatte dieser schon eine andere Zukunft gewählt.

3. Zukunft ***

Ergänzen Sie die fehlenden Worte, sodass das Zitat von Johann Wolfgang von Goethe (er bereiste vom 2. April bis 13. Mai 1787 Sizilien) einen Sinn ergibt:

Wir _____ so gern in _____ Zukunft,

weil _____ das Ungefähre, was _____ in

ihr hin und _____ bewegt, durch stille Wünsche so

_____ zu unsern Gunsten heranleiten _____ .

Um 6.15 Uhr legte die Fähre planmäßig im Hafen von Palermo an. Hans Knöpfli saß bereits seit fünfzehn Minuten in seinem Wagen und wartete darauf, dass die Ladeluke geöffnet wurde. Beim Verlassen des Oberdecks hatte er beschlossen, nicht weiter über die Vergangenheit nachzugrübeln, sondern die kommenden zwei Wochen auf Sizilien zu genießen.

4. Ladeluke *

Das mittlere Wort wurde nach einer bestimmten Regel aus Buchstaben der vier Wörter daneben gebildet. Finden Sie nach der gleichen Regel das mittlere Wort auf der rechten Seite heraus:

	Adel			Berg	
Plan	LADELUKE	Blut	Robe	_____	Ader
	Ekel			Ecke	

82　　　　　　　　　　　　　　7. Dreieck mit Vulkan

Während er auf das Öffnen der Luke wartete, betrachtete er die geometrischen Zeichen an den Stahlwänden im Bauch der Fähre und erinnerte sich plötzlich, in einem Reiseführer gelesen zu haben, dass Sizilien von den Griechen »Trinakria«, die Dreieckige, genannt worden war.

5. Die Dreieckige ***⚡

Verbinden Sie die fünf sizilianischen Städte mit geraden Linien miteinander: Wie viele Dreiecke entstehen dadurch?

Aus dem Halbdunkel im Rumpf der Fähre lenkte er den Wagen auf die in der Morgensonne leuchtende Hafenpromenade hinaus. Das Hotel, in dem er vor drei Wochen ein Zimmer reserviert hatte, lag laut Navigationssystem 136 Kilometer entfernt. Erstmals seit vierzig Jahren hatte er sich selbst um die Reservierung kümmern müssen, die sonst immer eine Sekretärin für ihn erledigt hatte.

7. Dreieck mit Vulkan

6. Zimmerreservierung **

Bilden Sie mindestens zehn Verben mit den Buchstaben des Wortes ZIMMERRESERVIERUNG (z. B. reisen):

_____

_____

_____

Hans Knöpfli schätzte, dass er für die 136 Kilometer nach Enna knapp eineinhalb Stunden brauchen würde, und fuhr los.

7. Fahrtstrecke ***

Markieren Sie so rasch wie möglich alle vierzehn unmittelbar nebeneinander stehenden Zahlenpaare, deren Summe 136 ergibt:

389739888354829171655492446672874963076606652686895714

Zunächst durchquerte er Palermo, die Hauptstadt und das ehemalige Zentrum des normannischen Königreiches Sizilien. Die Meisterwerke der Kunstgeschichte, den Königspalast, die Hofkapelle mit Mosaiken aus dem 12. Jahrhundert und die Kathedrale, würde er an einem der folgenden Tage besichtigen.

8. Palermo **

Finden Sie die drei Buchstaben, welche die rechten Buchstaben zu sinnvollen deutschen Hauptwörtern ergänzen.
Zum Beispiel: ... -rz, -rm, -mpf, -be (Lösung: STU; Sturz, Sturm, ...)

a) _ _ _-ermo, -ast, -ette, -me   b) _ _ _-aik, -t, -chus, -kito

c) _ _ _-elle, -sel, -uze, -itän   d) _ _ _-trum, -timeter, -tner, -it

84 7. Dreieck mit Vulkan

Während der Fahrt malte sich Hans Knöpfli in Gedanken auch seine bevorstehenden Erkundungen des Ätna und der bizarren Alcantara-Schlucht aus. Mit seiner Lage im Zentrum der Insel war Enna ein idealer Ausgangspunkt dafür.

9. Im Zentrum der Insel ** ☼

Finden Sie zu jedem Buchstaben des Wortes INSEL zwei positiv besetzte Eigenschaftswörter, die mit diesem Buchstaben beginnen:

I _____

N _____

S _____

E _____

L _____

Knöpfli fuhr von Palermo ostwärts und erreichte nach 88 Minuten Enna, den »Nabel Siziliens«, wie die Stadt in der Antike vom Griechen Kallimachos wegen ihrer hervorragenden strategischen Lage genannt wurde.

10. Der Nabel Siziliens ** ☼ ☼

Lesen Sie nun den folgenden Text und prägen Sie sich die Informationen gut ein:

En nali egt au Fein ember gmit 1098 Met ernhö He. Imja HR 258vch R. befr Ei tendi Erö merdi Estad tvo nde Nkartha gern. Di Eara berer ob erte nenna 859nchr., di Enorma Nnen 1087nchr. Si eerr ich tete nzwe Igro ßesc Hlöss er.

7. Dreieck mit Vulkan

85

Welche Bedeutung haben die folgenden Zahlen für die Stadt Enna?

1098: _____

1087: _____

859: _____

258: _____

Hans Knöpfli hatte in der Grande Albergo Sicilia ein Zimmer reserviert, einem Dreisternehotel in Domnähe, vor dem er nun den Wagen abstellte.

11. Grande Albergo Sicilia *

Ordnen Sie die Sätze in der richtigen Reihenfolge, beginnend mit dem frühesten Ereignis, indem Sie die Zahlen 1 bis 10 eintragen:

- ☐ Er öffnete die Heckklappe.
- ☐ Er überprüfte zunächst die Reservierung.
- ☐ Er betrat die Eingangshalle.
- ☐ Danach bat er Knöpfli, ein Gästeformular auszufüllen.
- ☐ Er trat an die Rezeption.
- ☐ Er stieg aus dem Wagen.
- ☐ Dahinter stand ein älterer Portier und begrüßte ihn.
- ☐ Knöpfli trug den Koffer in sein Zimmer.
- ☐ Dann verriegelte er die Autotüren.
- ☐ Er hob den Koffer heraus und schlug die Heckklappe zu.

Er hatte wirklich Glück. So früh am Morgen war üblicherweise kein Zimmer zu beziehen. Er duschte und rasierte sich, zog frische Kleidung an und verließ das Zimmer. Es war kurz nach 8.30 Uhr, als er die Bar Centrale betrat, um einen Cappuccino zu trinken.

86   7. Dreieck mit Vulkan

12. Cappuccino *

Finden Sie mindestens acht Hauptwörter, welche die Buchstaben-
folge APP enthalten (z. B. Klappe):

_____

_____

Als ihm der Kellner den Cappuccino hinstellte, hatte Knöpfli das
Gefühl, nun wirklich angekommen zu sein. Er schaute durch ein
großes Glasfenster auf die Piazza hinaus und beobachtete amü-
siert zwei Sizilianer, die sich während der Überquerung des
Platzes heftig gestikulierend und in einem Tonfall unterhielten,
der ihn an einen Streit hätte denken lassen, wären die beiden
nicht zwischendurch in Gelächter ausgebrochen.

13. Auf der Piazza *

Welche Wörter erhalten Sie, wenn Sie das Wort zwischen den
Klammern durch ein Wort mit gleicher Bedeutung ersetzen?

a) SIZI (Schlingpflanze) R _____

b) KL (Schwur) UNG _____

c) P (Ansiedlung) IER _____

d) L (Aristokratie) UKE _____

Knöpfli hatte den ganzen Tag noch vor sich und überlegte, wohin
ihn seine erste Besichtigungsfahrt führen sollte. Bauwerke, die er
auf jeden Fall sehen wollte, waren das griechische Theater von
Syrakus und die Tempel von Agrigent.

7. Dreieck mit Vulkan **87**

14. Das Teatro Greco von Syrakus ***

Das im 5. Jahrhundert v. Chr. von Tausenden Sklaven aus dem Felsen geschlagene Theater war mit einem Fassungsvermögen von etwa 15 000 Zuschauern eines der größten Theater der griechischen Antike. Es ist so gut erhalten, dass hier auch heute noch antike Tragödien aufgeführt werden.

Wann waren Sie das letzte Mal im Theater? Welches Stück haben Sie gesehen? Können Sie sich noch an die Schauspieler erinnern? Wissen Sie noch, mit wem Sie dort waren?

_____

_____

_____

15. Der Concordia-Tempel von Agrigent *

Zahlreiche Tempel zeugen von der Bedeutung, die Agrigent in der Antike hatte. Der zwischen 450 und 425 v. Chr. errichtete Concordia-Tempel zählt zu den besterhaltenen griechischen Heiligtümern.

Welcher der vier Ausschnitte passt nicht zum linken Bild?

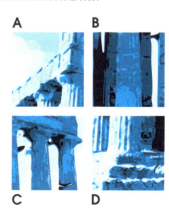

Er verließ das Café und stieg zum Castello di Lombardia hinauf, einer mächtigen Felsenfestung, welche der Stauferkaiser Friedrich II. im 13. Jahrhundert hatte erbauen lassen. Sechs von ehemals elf Wehrtürmen sind noch erhalten.

16. Wehrtürme ** ☀️S

Finden Sie ein Wort, welches zum oberen Wort als zweiter Teil und zum unteren als erster Teil passt, sodass zwei sinnvolle zusammengesetzte Hauptwörter entstehen:

Zum Beispiel: *Haus*

           —————

           Ziegel

Lösung: Dach
(Hausdach, Dachziegel)

a)   Wehr   b)   Ton   c)   Bau

—————————   —————————   —————————

     Uhr   Schirm   Zeug

Hans Knöpfli bestieg die Torre Pisana, einen 24 Meter hohen Wehrturm, und weil ein klarer Tag war, sah er, als er nach Osten blickte, in der Ferne den Ätna aufragen.

17. Der Berg der Berge ***⚡ ☀️L ☀️Z

Mongibello, Berg der Berge, wird der Ätna von den Sizilianern genannt. Mit 3350 Metern Höhe ist er Europas größter aktiver Vulkan. *Welche Zahl setzt die Reihe logisch richtig fort?*

3350 – 3361 – 3374 – 3391 – 3407 – 3421 – 3431 – ?

a)   3441   b)   3531   c)   3350   d)   3433   e)   3442   f)   3543

Beim Anblick des Ätna spürte Knöpfli, dass er seine Erkundung Siziliens am nächsten Tag nicht mit kulturellen Sehenswürdigkeiten, sondern mit einer Bergbesteigung fortsetzen wollte.

7. Dreieck mit Vulkan

Unweit des Castellos fand er ein Münztelefon. Er rief in Rifugio Sapienza an, dem Ausgangspunkt für Kratertouren, und engagierte für den nächsten Morgen einen Bergführer, der mit ihm den Ätna abseits der Touristenrouten besteigen würde. Dann spazierte er zu seinem Wagen und fuhr nach Piazza Armerina, einem kleinen Bergstädtchen südlich von Enna, wo er zuerst den Dom besichtigte und sich dann in ein Ristorante mit Blick über das Tal setzte. Er bestellte Arancine, panierte, mit Erbsen, Eiern und Käse gefüllte Reisbällchen, und eine Flasche Wasser.

18. Mittagessen in Piazza Armerina ** ☼Ⓚ

Wenn man hungrig ist und genug Nahrung zu sich nimmt, dann wird man satt. Wenn man durstig ist und ausreichend trinkt, dann wird man …? Lassen Sie Ihrer Fantasie freien Lauf und denken Sie sich ein Wort aus, das es in der deutschen Sprache noch nicht gibt und das Ihrem Gefühl nach am besten passen würde:

Bei Piazza Armerina liegt die Villa Romana del Casale, ein römischer Landsitz, dessen Mosaikböden sich über eine Fläche von 3500 Quadratmetern erstrecken. Knöpfli erreichte die Villa am frühen Nachmittag. Die gut erhaltenen Mosaike erinnerten ihn an einen Besuch in Rom. Vor einigen Jahren hatte ihm Urs dort ganz begeistert den Mosaikfußboden der Kirche Santa Maria Maggiore gezeigt. Er fragte sich, ob Urs diese Mosaike hier ebenfalls gefallen hätten, und spürte auf einmal, dass ihm sein Sohn mehr fehlte, als er sich bisher eingestanden hatte.

90   7. Dreieck mit Vulkan

Lösungen

2. Freiraum: z. B. Spraydosen, Dosenfutter, Futterrüben, Rübenzucker, Zuckerwürfel, Würfelspiel, Spielball, Ballkarten, Kartenrunden, Rundenzeit.

3. Zukunft: Im Original »Wir blicken so gern in die Zukunft, weil wir das Ungefähre, was sich in ihr hin und her bewegt, durch stille Wünsche so gern zu unsern Gunsten heranleiten möchten«, aber auch andere sinnvolle Lösungen sind selbstverständlich richtig.

4. Ladeluke: Oberdeck, 2. und 3. Buchstabe im Uhrzeigersinn von links.

5. Die Dreieckige: 21 Dreiecke.

6. Zimmerreservierung: z. B. reizen, verreisen, reservieren, servieren, verzieren, irren, zerren, zimmern, siegen, versiegen.

7. Fahrtstrecke
389**739**8883**5482**91**7**16554924466728**749**630766066652**686**95714

8. Palermo: a) PAL. b) MOS. c) KAP. d) ZEN.

9. Im Zentrum der Insel: z. B. ideal, intelligent, neu, nobel, sauber, sanft, eifrig, edel, lustig, lieb.

10. Der Nabel Siziliens: Enna liegt auf einem Berg mit 1098 Metern Höhe. Im Jahr 258 v. Chr. befreiten die Römer die Stadt von den Karthagern. Die Araber eroberten Enna 859 n. Chr., die Normannen 1087 n. Chr. Sie errichteten zwei große Schlösser. *Gedächtnisaufgabe:* 1098 m: Höhe des Berges, auf dem Enna liegt. 1087 n. Chr.: Eroberung Ennas durch die Normannen. 859 n. Chr.: Eroberung Ennas durch die Araber. 258 v. Chr.: Die Römer befreiten die Stadt von den Karthagern.

11. Grande Albergo Sicilia: 2 – 8 – 5 – 9 – 6 – 1 – 7 – 10 – 4 – 3.

12. Cappuccino: z. B. Pappe, Pappel, Kappe, Schlappe, Attrappe, Lappen, Mappe, Rappen.

13. Auf der Piazza: a) Sizilianer. b) Kleidung. c) Portier. d) Ladeluke.

15. Der Concordia-Tempel von Agrigent: C.

16. Wehrtürme: a) Turm. b) Fall. c) Werk.

17. Der Berg der Berge: e) 3442, Addition der vorigen Zahl mit ihrer Ziffernsumme, d. h. 3431 + (3 + 4 + 3 + 1) = 3442.

18. Mittagessen in Piazza Armerina: z. B. schlatt.

8. Schwedens Sonneninsel

Das »Sixpack«-Team aus Lübeck war gestern auf dem Camping-
platz von Fidenäs eingetroffen. Der kleine Ort im Süden der
schwedischen Ostsee-Insel Gotland lag etwa fünfzehn Kilometer
von Rone entfernt, wo heute und morgen die diesjährige Kubb-
Weltmeisterschaft stattfand. Klaus, Uwe, Tim, Jan, Kai, Paul und
Silke hatten sich den Namen »Sixpack« gegeben, weil eine Kubb-
Mannschaft aus maximal sechs Spielern besteht. Aufgrund dieser
Beschränkung hatte Silke, als Siebente nur Ersatzspielerin, bis
zum Frühstück nicht damit gerechnet, zum Einsatz zu kommen.
Doch nun war Uwe ausgefallen. Er war nicht zum gemeinsamen
Frühstück vor Jans Zelt gekommen. Jan hatte daraufhin nach ihm
gesehen und war mit der Nachricht zurückgekehrt, dass Uwe Fie-
ber habe, niese und huste und so erschöpft sei, dass er am Wettkampf nicht teilnehmen könne. So hatte Silke die Chance bekom-
men, auf die sie seit dem Vorjahr gehofft hatte, nachdem sie
damals trotz guter Trainingsleistungen nicht eingesetzt worden
war. Damals, bei seiner ersten Teilnahme an der Weltmeisterschaft, hatte das Sixpack als 156. von 217 Mannschaften das Finale
klar verfehlt. Inzwischen hatte das Team jedoch oft und intensiv
trainiert, was Silke zuversichtlich stimmte, heuer ein besseres
Ergebnis zu erreichen. Natürlich war Uwes Ausfall schwerwiegend,
aber Silke fühlte sich stark genug, ihn zu vertreten. Nun konnte sie
beweisen, dass sie ihren Freunden ebenbürtig war. Sie schaute
sich um. Jan, Kai und Paul warteten bereits beim Team-Bus, den
Klaus von Freunden in Hamburg geborgt hatte, weil er ausreichend Platz für sieben Personen, Gepäck und Ausrüstung bot. Als
letzte krochen schließlich Klaus und Tim aus ihrem Zelt. Wie
immer trug Klaus, mit 38 Jahren der Älteste, den Koffer mit den
Kubbs. Sie stiegen in den Bus und fuhren los. In zwei Stunden
begann die Weltmeisterschaft. Klaus steuerte den Bus über Gröt-
lingbo und Eke nach Rone. Silke spürte die Anspannung im Team.
Der erste Tag war entscheidend für den Aufstieg in die Finalrunde.

1. Aufwärmen

Stellen Sie sich auf einen Platz, an dem Sie genug Raum um sich herum haben. Heben Sie dann beide Arme wie beim Hampelmann-Springen in weitem Bogen neben dem Körper über den Kopf, bis sich die Fingerspitzen berühren und senken Sie dann die Arme in gleichem Bogen. Setzen Sie diese Bewegung in langsamem Rhythmus fort und führen Sie immer, wenn Sie die Arme heben, hintereinander eine der folgenden Bewegungen mit den Beinen aus: den rechten Fuß vor und wieder zurück – den linken Fuß vor und wieder zurück – den rechten Fuß zur Seite und wieder zurück – den linken Fuß zur Seite und wieder zurück – den rechten Fuß nach hinten und wieder zurück – den linken Fuß nach hinten und wieder zurück. Wiederholen Sie die gesamte Abfolge mindestens zehnmal, wobei Sie ab dem fünften Mal die Geschwindigkeit steigern. Achten Sie bitte auf eine gute Balance.

2. Jan, Kai und Paul **

Auf der Bank vor Silke saßen Jan, Kai und Paul nebeneinander. Einer der drei war 17, einer 21 und der dritte 32 Jahre alt.

Der 21-Jährige war der kleinste der drei. Paul war größer als der Jüngste. Kai war größer als der 32-Jährige. Wie alt waren Jan, Kai und Paul?

Silke war vor drei Jahren zum Team gestoßen, als sie Tim kennengelernt hatte. Er war damals an ihre Schule gekommen, weil seine Familie von Hamburg nach Lübeck übersiedelt war. Sie hatte sich mit ihm angefreundet und von seinem Hobby erfahren. Tim war genau einen Monat älter als sie. Er war bereits fünfzehn, während sie ihren Geburtstag erst Ende August, zwei Wochen nach der Weltmeisterschaft, feiern würde.

8. Schwedens Sonneninsel

3. Silke **

Finden Sie mindestens acht Hauptwörter, die mit SI- beginnen:

___

___

Zuerst hatte Silke gedacht, Tim erlaube sich einen Scherz, als er ihr erzählte, er trainiere für die Wikingerschach-Weltmeisterschaft. Dann hatte er sie zum Training eingeladen und ihr seinen Vater Klaus vorgestellt, der ihr die Regeln erklärte.

4. Kubb **

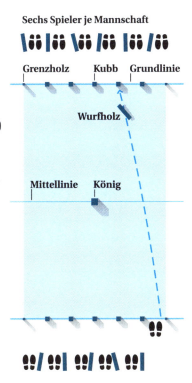

Kubb, auch »Wikingerschach« genannt, ist ein Spiel, bei dem zwei Mannschaften gegeneinander antreten und versuchen, hinter ihren eigenen Holzklötzen (= Kubbs) stehend, die fünf gegenüber aufgestellten Klötze der gegnerischen Mannschaft mit Wurfhölzern umzuwerfen. Zuletzt muss dann der König in der Mitte des Spielfeldes (Größe: 5 mal 8 Meter) getroffen werden.

Wenn ein Grenzholz 2 x 2 x 30 Zentimeter misst, wie viele Grenzhölzer bräuchte man, um das Spielfeld mit nebeneinander <u>stehenden</u> Hölzern vollständig zu bedecken?

___

94   8. Schwedens Sonneninsel

Starker Westwind ließ den Bus schaukeln. Während sie den tief dahinjagenden Wolken zuschaute, kam Silke ein Spaziergang in den Sinn, den sie im Vorjahr mit Tim gemacht hatte. Er hatte sie zum Uggarde Rojr in der Nähe von Rone begleitet, einem von etwa vierhundert bronzezeitlichen Grabhügeln auf Gotland.

5. Mit Tim *** ☀**S** oder ☀**G**

»Mit Tim« ist ein Palindrom, eine Buchstabenreihe, die von vorne und von hinten gelesen gleich bleibt. Finden Sie mindestens sechs Palindrome der deutschen Sprache, die aus nur einem Wort bestehen (wie z. B. Neffen).

Silke erinnerte sich, dass sie bei diesem Spaziergang einen Fliegen-Ragwurz in einer Wiese entdeckt hatte, eine von über dreißig Orchideenarten, die auf Gotland heimisch sind.

6. Orchideen * ☀**K**

Zu den Orchideen auf Gotland zählen auch Knabenkraut, Hohlzunge, Waldvöglein und Frauenschuh.

In Sagen wird mittels einer meist fantastischen Geschichte erklärt, warum etwas so ist, wie man es in der Realität vorfindet (z. B. der Name eines Ortes, Berges oder Brauches). Denken Sie sich nun zu einer der vier genannten Orchideen eine Sage aus, die erklärt, wie die Pflanze zu ihrem Namen kam, und notieren Sie Stichworte:

---

8. Schwedens Sonneninsel

Silke erinnerte sich auch an den Grabhügel, der ungefähr sieben Meter hoch war, einen Umfang von 141 Metern aufwies und aus zirka 15 000 Tonnen Gestein bestand. Auf sie hatte dieser flache, grasbewachsene Kegel wenig Eindruck gemacht, Tim aber war begeistert gewesen.

7. Grabhügel aus der Bronzezeit *

Wenn drei Männer 72 Tage benötigen, um einen solchen Hügel aufzuschütten, wie lange brauchen dafür neun Männer, die gleich schnell arbeiten?

Tim teilte Silkes Vorliebe für blühende Pflanzen ganz und gar nicht, im Gegensatz zu seiner Schwester Lana, die stundenlang mit ihr über irgendwelche exotischen Blumen reden konnte. Tim interessierte sich eher für Steine. Silke dachte an die Raukar, bizarr geformte, bis über zehn Meter hohe Kalksteinsäulen, die vor allem im Norden Gotlands vorkommen und Tim im Vorjahr zu Begeisterungsstürmen hingerissen hatten.

8. Raukar *

Welche beiden Raukar passen zusammen?

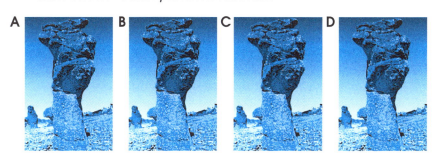

Damals waren sie nach dem Wettkampf zwei Tage durch Gotland gefahren und hatten einige Raukar gesehen. Immer wenn sie auf einen Raukfelsen gestoßen waren, hatten sie ein Spiel gespielt, bei dem jeder beschrieb, woran ihn der Felsen erinnerte. Silke war über Jans Einfallsreichtum sehr erstaunt gewesen.

9. Das Raukar-Spiel *

Finden Sie mindestens zwei Deutungen dieses Raukfelsens:

_____

_____

Auch Jan wirkte heute sehr aufgeregt, fand Silke. Er redete ununterbrochen auf seine Mannschaftskollegen ein. Schon seit Tagen versuchte er, sie dazu zu bringen, während der beiden Tage, die sie auch heuer wieder nach dem Ende der Weltmeisterschaft auf Gotland verbringen würden, zumindest ein paar Stunden Aufenthalt in Visby vorzusehen, um das Landesmuseum zu besuchen. Als er endlich merkte, dass ihm niemand zuhören wollte, schwieg er.

10. Visby **

Die Hauptstadt Gotlands ist ein »typisches Beispiel einer nordeuropäischen, von Mauern umschlossenen Hansestadt, die auf einzigartige Weise ihr Stadtbild (…) bewahrt hat«, so die UNESCO im Jahr 1995 bei der Ernennung Visbys zum Weltkulturerbe.

Fallen Ihnen mindestens vier weitere europäische Städte ein, deren Name mit einem V beginnt?

_____

_____

8. Schwedens Sonneninsel

Jan wollte unbedingt das Landesmuseum in Visby besuchen, das Gotlands Fornsal, weil dort seit ein paar Monaten der größte Wikinger-Schatz ausgestellt war, der jemals gefunden worden war.

11. Wikinger-Schatz *

Etwa aus der Mitte des 11. Jahrhunderts n. Chr. stammt der Schatz, bestehend aus 1300 arabischen Silbermünzen, fünf Armreifen, einer Halskette und sechs Silberstücken, den zwei junge Schweden im Oktober 2006 im Süden Gotlands gefunden hatten.

Finden Sie nun mindestens acht Hauptwörter, die mit dem Wort SCHATZ beginnen:

Jan hatte davon geträumt, einen Metalldetektor nach Gotland mitzunehmen, um auf Schatzsuche gehen zu können, aber Silke hatte ihm davon abgeraten, weil sie gelesen hatte, dass die Einfuhr von Metalldetektoren nach Gotland verboten war.

12. Gotland **

Der Name »Gotland« stammt vermutlich vom Germanenstamm der Goten, der um die Zeitenwende in Gebieten an der Ostsee lebte.

Welche Antwort stimmt?

A. Goten verhalten sich zu Garten wie Schote zu
   a) Schwarte   b) Gurten   c) Scharte   d) Scharren

B. Gote verhält sich zu Bote wie Sonne zu
   a) Sinne   b) Nonne   c) Wonne   d) Tonne

98   8. Schwedens Sonneninsel

Nachdem Jan verstummt war, fiel Silke auf, wie still es im Bus war.
Jeder hing seinen eigenen Gedanken nach. Unmittelbar vor ihr saß
Paul. Sie wusste, dass Paul sie mochte und für eine gute Kubb-
Spielerin hielt, weil sie im Training manchmal sogar besser war als
Kai und Jan. Die Trainingsleistungen stimmten sie zuversichtlich,
sie fragte sich jedoch, ob sie wohl genug Nervenstärke für einen
Wettkampf hatte.

13. Einsilbig ***

Silke war die einzige im Bus, deren Name aus zwei Silben bestand.

*Kennen Sie zwei weibliche Vornamen, die nur aus einer Silbe
bestehen?*

Nach Silkes Einschätzung war Kai der Sixpack-Spieler mit den
stärksten Nerven. Ihn schien nichts aus der Ruhe zu bringen. Sie
schaute zu ihm hinüber. Kai hatte die Augen geschlossen. Warme
Sonnenstrahlen fielen durch das Seitenfenster auf sein Gesicht.

14. Sonneninsel **

Wegen ihres im Vergleich zum übrigen Schweden milden Klimas
(die meisten Sonnenstunden, die wenigsten Niederschläge) wird
Gotland »Schwedens Sonneninsel« genannt.

*Bilden Sie mindestens acht Wörter, die keine Verben oder Haupt-
wörter sind, mit den Buchstaben des Wortes SONNENINSEL (z. B.
ein):*

---

8. Schwedens Sonneninsel

Auch Kai wirkte angespannt. Silke wusste, dass er sich nicht von der Erwartung starker Gegner einschüchtern ließ, sondern dass er sich gerade intensiv auf den bevorstehenden Wettkampf konzentrierte.

15. Kais Konzentration *

Streichen Sie so rasch wie möglich alle Buchstaben, die – wie das K – ausschließlich aus drei geraden Linien gebildet werden:

LIAEFSWQUMNDHTOPZYCSJVENITZAFBKWMHVCRUPY

Kais Konzentrationsfähigkeit war seine besondere Stärke. Klaus, der Teamkapitän, wollte ihn wieder als letzten Werfer einsetzen, um seine Fähigkeiten am besten zu nutzen.

16. Stärken *

In welchen drei Situationen aus dem vergangenen halben Jahr konnten Sie Ihre persönlichen Stärken besonders gut einsetzen?

Je näher sie Rone kamen, umso dichter wurde der Verkehr. Weiterhin sprach niemand ein Wort. Da fiel Silke plötzlich auf, dass das Sixpack nach dem Alter gereiht im Bus saß.

17. Sixpack ***⚡

Notieren Sie nun die Namen und das Alter der Teammitglieder:

100   8. Schwedens Sonneninsel

Zum gleichen Zeitpunkt, als Klaus am Ortsrand von Rone den Bus parkte, öffnete Uwe in Fidenäs schniefend den Zipp seines Schlafsacks. Er nahm einen Schluck aus der Wasserflasche, die ihm Klaus am Morgen gebracht hatte. Klaus hatte ihn gefragt, ob er als Zuseher mitkommen möchte, aber er war so erschöpft gewesen, dass er abgelehnt hatte. Nun lag er müde im Zelt, das Mobiltelefon neben sich. Er schaute es an. Die Netzverbindung war vorhanden. Sie würden ihn anrufen, sobald die ersten Ergebnisse vorlagen. Er drückte dem Sixpack die Daumen. Und ganz besonders Silke.

Lösungen

2. Jan, Kai und Paul: Paul war größer als der Jüngste, also nicht 17, und nicht der kleinste (daher auch nicht 21): Paul war 32. Kai war größer als der 32-Jährige, also nicht der Kleinste, daher 17. Jan war somit 21.

3. Silke: z. B. Silbe, Signal, Sinn, Sitte, Sieb, Sitz, Sieg, Sirup.

4. Kubb: 500 x 800 cm = 400 000 cm^2 : 4 cm^2 = 100 000 Grenzhölzer.

5. Mit Tim: z. B. Bub, stets, Rotor, Radar, neben, Kajak.

7. Grabhügel aus der Bronzezeit: 72 : 3 = 24 Tage.

8. Raukar: A-D und B-C.

9. Das Raukar-Spiel: z. B. Kopf, Knospe.

10. Visby: z. B. Venedig, Verona, Vaduz, Valencia.

11. Wikinger-Schatz: z. B. Schatztruhe, -insel, -karte, -räuber, -suche, -gräber, -kammer, -meister.

12. Gotland: A. c) Das »o« wird durch »ar« ersetzt. B. b) Zwischen G und B liegen ebenso 4 Buchstaben wie zwischen S und N.

13. Einsilbig: z. B. Ruth, Liv.

14. Sonneninsel: z. B. leise, innen, nein, in, es, so, eins, nie.

15. Kais Konzentration

LI**AE**FSW**QU**M**ND**H**T**OP**ZY**CS**J**VE**NI**T**ZA**FBK**W**M**H**VCRU**P**Y

17. Sixpack: Klaus, 38; Paul, 32; Jan, 21; Kai, 17; Tim, 15; Silke, 14.

9. Blume des Ozeans

Raquel und Rita standen vor dem Förderband in der Gepäckausgabehalle des Flughafens von Madeira. Nacheinander traten die Passagiere ihres Fluges an das Band und holten ihre Gepäckstücke. Die beiden Maskenbildnerinnen des Teatro Nacional de São Carlos in Lissabon wollten ein paar freie Tage nutzen, um sich auf Madeira vom Stress der vergangenen Wochen zu erholen. Sie freuten sich auf die Wärme, denn während in Lissabon gerade kalte Winde und Dauerregen Trübsinn verbreiteten, fiel die Temperatur auf Madeira im Oktober kaum unter 17 Grad Celsius. Der entscheidende Unterschied zum Festland war für die beiden jedoch die Vielfalt der Farben. Als »Insel des ewigen Frühlings« verdankt Madeira seine üppige Vegetation und Blütenpracht einem ozeanisch feuchten und zugleich tropisch warmen Klima. Raquel hatte ursprünglich vorgeschlagen, nach Kairo zu fliegen. Doch dann hatte ihr Rita von Tiago erzählt, einem Ausbildungskollegen, der sie seit Jahren nach Madeira einlud, und sie war sofort begeistert gewesen. Aber jetzt begannen ihre Urlaubstage ziemlich unerfreulich: Vor ihnen trug das Band einen fremden Koffer im Kreis herum. Die beiden jungen Frauen waren nun die einzigen Passagiere ihres Fluges, die noch warteten.

1. Warten

Setzen Sie sich aufrecht hin, legen Sie die Hände entspannt auf die Oberschenkel und stellen Sie die Beine parallel zueinander. Führen Sie dann eine Bewegungsfolge aus, die Sie vielleicht aus einem Film mit Stan Laurel und Oliver Hardy kennen: Klopfen Sie zuerst mit beiden Handflächen auf die Oberschenkel und greifen Sie dann mit der rechten Hand zur Nasenspitze und gleichzeitig mit der linken zum rechten Ohr. Klopfen Sie erneut mit beiden Händen auf die Oberschenkel und ergreifen Sie nun mit der linken Hand die Nasenspitze, während sie die rechte Hand zum linken Ohr führen. Wiederholen Sie die Übung zunächst so lange, bis Sie sie leicht ausführen können, und steigern Sie dann die Geschwindigkeit.

Als das Förderband kurz darauf zum Stillstand kam, hob ein Flughafenbediensteter den nicht abgeholten Koffer vom Band. Raquel und Rita stürzten sofort auf ihn zu.

2. Gepäck *

Finden Sie acht Hauptwortpaare, bei denen durch Austausch eines Buchstabens im Wortinneren (nicht am Anfang oder Ende) wie bei Gepäck – Gebäck eine ganz andere Wortbedeutung entsteht:

Der Mann verwies sie an den Lost&Found-Schalter, forderte sie auf, ihm zu folgen, und schlurfte mit dem Koffer vor ihnen her.

9. Blume des Ozeans **103**

3. Lost&Found *

Rita und Raquel wussten, dass etwa 97 Prozent der Portugiesen römisch-katholischen Glaubens sind. Das Bild des heiligen Antonius von Padua, des Patrons für das Wiederauffinden verlorener Gegenstände, an der Wand des Lost&Found-Schalters fanden sie in ihrer momentanen Situation jedoch ganz und gar nicht ermunternd.

Können Sie sich an eine Situation erinnern, in der Sie etwas sehr Wichtiges (ein Dokument, Sparbuch etc.) längere Zeit intensiv, aber vergeblich gesucht und schließlich an einem völlig unerwarteten Platz gefunden haben? Wie ist es Ihnen bei der Suche ergangen? Wie haben Sie sich gefühlt, als Sie fündig wurden? Nehmen Sie sich Zeit, diese Situation vor Ihrem geistigen Auge nochmals ablaufen zu lassen und rufen Sie sich insbesondere den Augenblick des Findens so anschaulich wie möglich in Erinnerung.

Nachdem sie für jeden der beiden Koffer ein Formular ausgefüllt hatten, wurde ihnen mitgeteilt, es sei äußerst unwahrscheinlich, dass gleich zwei Koffer nicht an ihrem Bestimmungsort ankämen. Frustriert verließen Raquel und Rita die Gepäckausgabehalle.

4. Ankunftshalle *

Wie oft kommt der Buchstabe L (bzw. l) im folgenden Text vor?

In der Ankunftshalle wartete ein sichtlich ungeduldiger Mann mit schulterlangem schwarzen Haar, das er sich unentwegt mit einer raschen Bewegung aus dem Gesicht strich. Er war etwa 27 Jahre alt, über zwei Meter groß und trug eine dunkelgraue Jeanshose und ein grellgelbes Hemd mit aufgedruckten rosa Blüten. Bei Ritas Anblick riss er die Arme in die Höhe und winkte, als müsse er sich über eine Distanz von hundert Metern bemerkbar machen.

Rita erkannte ihn sofort und lief auf ihn zu. Tiago umarmte sie überschwänglich und schien vor Wiedersehensfreude so außer sich, dass sich Raquel fragte, ob die beiden vielleicht einmal enger befreundet gewesen waren, als Rita ihr verraten hatte.

5. Tiago ***⚡ 🔆

Rita hatte ihr bloß erzählt, Tiago habe mit ihr zusammen die Maskenbildner-Ausbildung gemacht, sei dann aber mit seiner Frau Ana nach Madeira gezogen, weil sie in Funchal ein Hotel geerbt hatten.

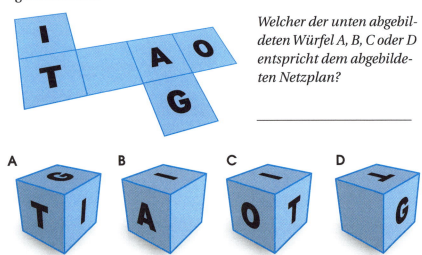

Welcher der unten abgebildeten Würfel A, B, C oder D entspricht dem abgebildeten Netzplan?

Als Tiago erfuhr, dass ihre Koffer nicht angekommen waren, und da nicht abzusehen war, ob und wann sie schließlich auf Madeira eintreffen würden, schlug er vor, Rita und Raquel zu einem Kleiderladen in Funchal zu bringen, dessen Besitzer er gut kannte. Dort könnten sie Ersatzkleidung für die nächsten Tage kaufen.

Mit einiger Mühe zwängten sie sich in Tiagos Mini und fuhren los. Rita saß vorne neben Tiago und Raquel hinter ihr, weil Tiago den Fahrersitz bis zum Anschlag nach hinten geschoben hatte.

9. Blume des Ozeans

6. Funchal *

Die Hauptstadt Madeiras verdankt ihren Namen dem wilden Fenchel, der zu Zeiten der Inselentdeckung die Bucht überzog.

Ergänzen Sie die fehlenden Buchstaben (je nach Anzahl der Striche), die das Ende des linken und den Beginn des rechten Wortes bilden: z. B. Re- _ _ _ -d
(Lösung: GEL – Regel, Geld)

a) Fenc- _ _ _ -d

b) Me- _ _ _ -min

c) La- _ _ _ -kmal

d) Kof- _ _ _ -se

7. In Nunos Kleiderladen **

Nuno war hocherfreut, Tiago zu sehen. Rita und Raquel traten ein, schauten sich um und begannen sogleich, Kleider zu probieren.

Wandern Sie nun in Gedanken von unten nach oben Ihren Körper entlang und ordnen Sie den einzelnen Körperteilen die Zahlen von 1 bis 10 zu, wie in der folgenden Liste angegeben.

1 = Fuß	*Diese Liste ist eine Reihenfolge von*
2 = Knie	*eindeutig abgegrenzten Orten an*
3 = Oberschenkel	*Ihrem Körper und kann als Basis für*
4 = Gesäß	*die sogenannte Loci-Methode, eine*
5 = Bauch	*höchst wirkungsvolle Merktechnik,*
6 = Brust	*eingesetzt werden (siehe Aufgabe 10).*
7 = Schulter	*Prägen Sie sich die Zuordnungen der*
8 = Hals	*Zahlen zu den Körperteilen so gut*
9 = Gesicht	*wie möglich ein.*
10 = Scheitel	

Bepackt mit Papiertaschen voll Kleidung quetschten sich Rita und Raquel wieder in Tiagos Auto. Raquel fragte sich, wo Tiago wohl die beiden Koffer verstaut hätte, und begann, ihn zu hänseln, weil er ihr wegen seiner nicht zur Größe des Minis passenden Statur auf einmal wie ein Schlangenmensch vorkam, der seinen Körper in eine kleine Schachtel hineinfalten konnte.

8. Schlangenmensch **

Ergänzen Sie die fehlenden Zuordnungen:

7 = _____   Hals = _____

3 = _____   Knie = _____

9 = _____   Scheitel = _____

4 = _____   Bauch = _____

6 = _____   Fuß = _____

Tiago nahm ihr die Sticheleien nicht übel, im Gegenteil, er freute sich über ihre gute Laune und versuchte zwischendurch sogar, seine langen Beine nach oben zu hieven und mit den Knien zu lenken.

9. Gute Laune *

Streichen Sie alle Buchstaben, die im Wort GUTE, aber nicht im Wort LAUNE vorkommen:

HULANELAGULAMETELADAMINITALUGUXIGALATAROI
KAUGANEUTUMATALUGETAKATUKAGIDEGONELABATI
NUGUTAGOPOTALEGITRULAGAMARGETAFUGALUGOTA

Rita überlegte unterdessen, was sich im verschollenen Koffer befand, das sie nicht entbehren und daher baldigst kaufen wollte.

9. Blume des Ozeans

107

10. Einkaufsliste **

Da sie unterwegs nichts aufschreiben konnte, musste sich Rita ihre Einkaufsliste merken.

Verknüpfen Sie nun die einzelnen Gegenstände der folgenden Liste hintereinander mit den Körperteilen, die Sie sich vorher eingeprägt haben. Finden Sie dabei eine möglichst ungewöhnliche bildliche Verschmelzung des Gegenstandes mit dem Körperteil:

Zahnbürste	*Halten Sie sich an die aus Aufgabe 7 bekann-*
Taschentuch	*te Reihenfolge vom Fuß bis zum Scheitel und*
Kamm	*ordnen Sie die Begriffe nacheinander zu.*
Lippenstift	*Das erste Bild könnte zum Beispiel eine*
Haarshampoo	*Zahnbürste sein, die Ihre Zehennägel*
Zahnpasta	*schrubbt. Das zweite ein Taschentuch, das*
Wasserflasche	*Sie mit einer großen Schleife um das Knie gebunden haben. Das dritte ein Kamm …*
Deo-Spray	*Je skurriler die Bilder sind, umso besser!*
Haar-Gel	*(Weitere Verknüpfungsmöglichkeiten finden*
Nagellack	*Sie bei den Lösungen auf Seite 110.)*

Beim Hotel angekommen, wurden sie von Sandra Mohr begrüßt, der neuen Rezeptionistin, die ihnen mitteilte, Ana sei mit einer Urlaubergruppe zu einer Besichtigungstour durch Funchal aufgebrochen und werde erst gegen Abend zurück sein.

11. Ana *

Finden Sie mindestens acht weibliche oder männliche Vornamen, die – wie »Ana« – jeweils nur zwei gleiche Vokale enthalten:

Tiago erklärte Rita und Raquel, dass Ana regelmäßig kleine Gruppen von Urlaubern durch ihre Geburtsstadt führe. Besondere Höhepunkte bildeten dabei stets die Seilbahnfahrt nach Monte mit einem beeindruckenden Panoramablick über die Bucht sowie die abschließende Korbschlittenfahrt nach Funchal herunter. Wenn er selbst Gästen die Stadt zeige, bemerkte Tiago, dann ziehe er üblicherweise eine Besichtigung der Madeira Wine Company vor oder begleite Gäste entlang der Levadas durch die Natur.

12. Madeira Wine Company ** ☀️

In der ältesten Weinkellerei Madeiras wird die Herstellung des weltberühmten Madeiraweins erklärt.

Setzen Sie links ein Wort ein, mit dem die vier Wörter rechts jeweils sinnvolle zusammengesetzte Hauptwörter ergeben:

Beispiel: _____ *Stock   Vase   Beet   Strauß (Lösung: Blumen)*

_____	Stock	Traube	Garten	Keller
_____	Faser	Scheibe	Auge	Splitter
_____	Zug	Post	Hals	Öffner
_____	Wein	Reifen	Bier	Binder

13. Levadas ** ⚡️

Die Levadas (Kanäle) erstrecken sich über eine Länge von etwa 2100 Kilometern, um eine gleichmäßige Wasserversorgung für die Landwirtschaft der gesamten Insel zu sichern.

Wie lange braucht ein Wanderer für eine 18 km lange Strecke, wenn er mit einer Geschwindigkeit von 1 m/s unterwegs ist?

Raquel war sofort an einer Wanderung entlang der Kanäle interessiert, aber Rita dachte vorerst nur an ihre Einkaufsliste.

14. Einkauf *

Wandern Sie nun in Gedanken Ihren Körper entlang und notieren Sie die Dinge, die Rita kaufen wollte, in der richtigen Reihenfolge:

_____

_____

Tiago schwärmte von Madeiras Pflanzenwelt, hielt aber plötzlich inne, drehte sich um und verschwand in einem Raum hinter der Rezeption. Kurz darauf kehrte er mit einem strahlenden Lächeln und zwei Strelitzien als Willkommensgeschenke für Rita und Raquel zurück.

15. Strelitzien *

Finden Sie die drei Unterschiede?

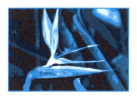

Die Blume wurde im Jahr 1778 aus Südafrika eingeführt und findet sich heute in vielen Gärten Madeiras.

Tiago ließ sich einen Zimmerschlüssel geben und führte seine beiden Gäste nach oben. Als sie das Zimmer betraten, läutete das Telefon. Rita hob ab und wurde von Sandra Mohr mit dem Lost&Found-Schalter verbunden. Man teilte ihr mit, ein Koffer befinde sich jetzt auf Mallorca, der andere in Marokko. Beide würden morgen in Madrid und übermorgen auf Madeira eintreffen.

Lösungen

2. Gepäck: z. B. Hase – Hose, Leute – Laute, Ast – Axt, Arche – Asche, Laib – Leib, Laut – Last, Hund – Hand, Luft – Lust.

4. Ankunftshalle: 14 Mal.

5. Tiago: C.

6. Funchal: a) HEL. b) TER. c) DEN. d) FER.

8. Schlangenmensch: Lösung siehe Aufgabe 7 auf Seite 105.

9. Gute Laune
HULANELA**G**ULAMETELADAMINITALU**G**UXI**G**ALATAROI
KAU**G**ANEUTUMATALU**G**ETAKATUKA**G**IDE**G**ONELABATI
NU**G**UTA**G**OPOTALE**G**ITRULA**G**AMAR**G**ETAFU**G**ALU**G**OTA

10. Einkaufsliste: z. B. der Kamm steckt im Oberschenkel (klingt grausam, aber das merken Sie sich sicher!); ein Lippenstift malt einen riesigen Kussmund auf eine Po-Backe; eine Haarshampoo-Flasche ragt zur Hälfte aus dem Nabel; zwei Zahnpasta-Tuben statt Brüsten; die Wasserflasche balancieren Sie auf der Schulter; das Deo-Spray ist wie eine Fliege an Ihrem Hals befestigt und sprüht bei jedem Ausatmen eine Duftwolke aus; die Haar-Gel-Tube ersetzt die Nase; statt der Haare stehen viele Nagellack-Fläschchen auf Ihrem Kopf. *(Die Ortsreihenfolge entlang Ihres Körpers steht Ihnen in der Folge auch für weitere Listen, die Sie sich merken wollen, zur Verfügung. Besonders gut eignet sich diese Merktechnik aber auch für das Behalten von Handlungsfolgen – z. B. des Ablaufs von Erster Hilfe – oder die Gliederung einer freien Rede.)*

11. Ana: z. B. Klara, Sandra, Peter, Werner, Iris, Philipp, Kirstin, Otto.

12. Madeira Wine Company: Wein, Glas, Flaschen, Fass.

13. Levadas
18 000 Meter = 18 000 Sekunden = 300 Minuten = 5 Stunden.

14. Einkauf: Zahnbürste, Taschentuch, Kamm, Lippenstift, Haarshampoo, Zahnpasta, Wasserflasche, Deo-Spray, Haar-Gel, Nagellack.

15. Strelitzien

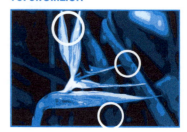

10. Die Rose und der springende Hirsch

Es war seit elf Jahren der erste Urlaub, den er allein verbrachte. Arnold Schmidt saß an einem Tisch auf der Terrasse einer Strandtaverne in Kiotari und schaute einem älteren Ehepaar zu, das gerade versuchte, seine Liegen in eine vollständig vom Schatten des Sonnenschirms bedeckte Position zu bringen. Während vor den vier Paaren an den anderen Tischen Platten gegrillten Fisches, gebratene Kartoffeln, Salatteller und Brotkörbe lagen, hatte Schmidt, technischer Zeichner in einem Planungsbüro in Halle, bloß eine Flasche »Mythos« vor sich stehen, in Griechenland gebrautes Bier. Er war nun seit vier Tagen auf Rhodos und hatte stets auf das Mittagessen verzichtet. Bei über dreißig Grad brachte er keinen Bissen hinunter. Aus den Lautsprechern schallte ein griechischer Schlager, eine kräftige Frauenstimme, von Bouzouki-Klängen begleitet. Doch immer nach dem Bouzouki-Solo vor der vierten Strophe sprang der Schlager unvermittelt zum Refrain der ersten Strophe zurück. Schmidt hatte die zweite und dritte Strophe jetzt bereits zum achten Mal gehört. Er spürte, wie sich während des Solos eine Spannung in ihm aufbaute, ob es der Bouzouki endlich gelänge, die Hürde zu überwinden, oder ob das Tavernen-Personal reagierte. Doch wieder setzte die Musik zurück, mitten in ein Wort hinein, das die Sängerin gerade beendete, bevor sie abermals mit der zweiten Strophe begann. Hätte er nicht bemerkt, dass sich die Platten, Teller und Körbe auf den anderen Tischen zusehends leerten, wäre er vielleicht dem Eindruck erlegen, in einer endlosen Zeitschleife zu stecken. Er füllte sein Glas, trank und hörte auf einmal ein Brummen, das sich in die Musik mischte. Ein Schlauchboot mit Außenbordmotor näherte sich dem Strand und hielt in etwa hundert Meter Entfernung an. Schmidt konnte drei Frauen darauf erkennen. Eine von ihnen sprang ins Wasser und schwamm mit raschen Zügen zum Ufer, während das Boot wendete und davonbrauste. Kurz vor dem Strand erhob sich die Schwimmerin aus dem Wasser. Schmidt schaute gebannt auf ihre langen roten Haare, die in der Sonne glänzten.

112   10. Die Rose und der springende Hirsch

1. Schlauchboot * ⁘K⁘

Warum schwamm die Frau ans Ufer, während das Schlauchboot rasch wegfuhr? Was könnte hinter diesem Geschehnis stecken? Lassen Sie Ihrer Fantasie freien Lauf und finden Sie zumindest drei mögliche Erklärungen dafür:

_____

_____

_____

Er schätzte die Frau auf Mitte zwanzig und etwa eins achtzig. Ihr weißer Bikini bildete einen reizvollen Kontrast zur sonnengebräunten Haut. Sie stieg schnell aus dem Wasser und lief auf die Taverne zu. In diesem Augenblick wünschte sich Schmidt, in einer Zeitschleife zu stecken, die es ihm ermöglicht hätte, das Erscheinen dieser Frau immer wieder von Neuem zu beobachten.

2. Ein Kontrast

Die folgende Koordinationsübung können Sie im Sitzen oder Stehen ausführen (vielleicht wollen Sie auch beide Varianten ausprobieren?): Klopfen Sie mit der Fläche Ihrer rechten Hand sachte auf immer die gleiche Stelle Ihres Scheitels, während Sie mit der Linken eine Kreisbewegung über Ihrem Bauch vollführen, zunächst eine Minute lang im Uhrzeigersinn, danach eine weitere Minute gegen den Uhrzeigersinn. Wechseln Sie dann die Hände und klopfen Sie mit der linken Hand leicht auf eine Stelle am Scheitel, während die Rechte kreisförmig über den Bauch streicht, zuerst eine Minute in die eine, dann eine weitere Minute in die andere Richtung. Achten Sie dabei darauf, dass Klopf- und Streichbewegung nicht ineinander übergehen.

10. Die Rose und der springende Hirsch **113**

Er bemerkte, dass es an den anderen Tischen still geworden war, und hielt unwillkürlich den Atem an, als die junge Frau die Terrasse betrat. Er starrte sie an, als wäre sie eine Erscheinung aus einer griechischen Göttersage. Aphrodite, schoss ihm durch den Kopf, die aus dem Meer geborene Göttin der Schönheit und Liebe. Die Fremde hatte einen kurzen Blick auf die Gäste geworfen und lief nun geradewegs auf ihn zu.

3. Aphrodite *

Welche Namen griechischer Götter erhalten Sie, wenn Sie die Zahlen durch die entsprechenden Buchstaben des Alphabets ersetzen? Lösen Sie die Aufgabe möglichst ohne das Alphabet und die zugeordneten Zahlen von 1 (= A) bis 26 (= Z) aufzuschreiben:

a) 26 5 21 19   b) 8 5 18 1   c) 1 18 5 19

_____   _____   _____

Trotz des Schilfdachs war es heiß auf der Terrasse der Strandtaverne. Jetzt schien es Schmidt, als stiege die Hitze um ein paar Grade.

4. Die Sonne *

In seinem Reiseführer hatte Schmidt gelesen, der Göttervater Zeus habe eines Tages beschlossen, sein Reich unter den Göttern des Olymps aufzuteilen. Dabei vergaß er aber den Sonnengott, der gerade nicht anwesend war. Als Helios nach Sonnenuntergang zurückkehrte, bemerkte Zeus seinen Fehler. Der Sonnengott verzichtete jedoch auf eine Neuaufteilung und ließ sich von Zeus die Insel Rhodos schenken.

Wie lange scheint auf Rhodos in einem Schaltjahr die Sonne pro Tag, wenn es hier insgesamt 2928 Sonnenstunden im Jahr gibt?

Schmidt begann zu schwitzen. Er spürte, dass ihn die übrigen Gäste beobachteten. Die Fremde blieb vor seinem Tisch stehen. »Hey, ich bin Rosa!«

5. Rosa **

Finden Sie deutsche Hauptwörter beliebiger Länge, die mit dem linken Buchstaben beginnen und mit dem rechten enden:

R _____ A

O _____ S

S _____ O

A _____ R

»Arnold«, brachte Schmidt heiser hervor. »Bist du mit einem Wagen da?«, fragte sie. »Mofa«, krächzte er und bereute zutiefst, sich vor zwei Tagen gegen ein Motorrad entschieden zu haben.

6. Mofa *

Welcher Buchstabe passt nicht zu den übrigen?

_____

10. Die Rose und der springende Hirsch **115**

Rosa winkte dem verdutzten Kellner, rasch die Rechnung zu bringen. Völlig überrumpelt bezahlte Schmidt, während sie sein »Mythos« austrank und ihn drängte, sich zu beeilen. Immer wieder warf sie einen Blick aufs Meer hinaus.

7. Das Meer **

Das Meer um Rhodos weist in den Sommermonaten eine Wassertemperatur von bis zu 25° Celsius auf.

Bilden Sie mindestens sechs Eigenschaftswörter mit den Buchstaben des Wortes WASSERTEMPERATUR (z. B. pur):

_____

_____

Kaum hatte Schmidt das Wechselgeld erhalten, zog ihn Rosa in Richtung Parkplatz. »Kennst du Monolithos?« Er nickte. Am Vortag hatte er den kleinen Ort im Westen der Insel und die auf einem gewaltigen Felsen thronende Burgruine besichtigt.

8. Monolithos *

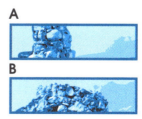

Welcher der beiden Ausschnitte stimmt mit dem großen Bild überein?

A

B

116   10. Die Rose und der springende Hirsch

»Zum Fourni-Strand! Schnell!« Sie waren beim Mofa angelangt.
»Weshalb?«, fragte Schmidt. Er kannte diesen Strand unterhalb der
Burgruine von Monolithos. Er löste die Lenkersperre und startete
das Mofa. Der Zeiger der Tankuhr bewegte sich nur bis knapp über
die erste Markierung.

9. Tankuhr ** 🔆②🔆

*Wenn das Mofa auf 100 Kilometern fünf Liter Benzin verbrauchte
und noch 1,25 Liter im Tank waren, wie viele Kilometer vor dem
30 Kilometer entfernten Monolithos wäre der Tank leer?*

»Erklär ich dir später. Fahr los!« Sie schwang sich hinter ihm auf
das Mofa, schlang ihre Arme um seinen Bauch und drückte sich so
fest an ihn, dass er die zwei nassen Dreiecke ihres Bikini-Oberteils
durch das T-Shirt hindurch auf seinen Schulterblättern spürte.

10. Dreiecke *** 🔆⑤🔆

*Finden Sie die drei Buchstaben, welche die linken Buchstaben zu
sinnvollen deutschen Hauptwörtern ergänzen?
Zum Beispiel: B-, W-, S-, St-_ _ _ (Lösung: EIN; Bein, Wein usw.)*

a) Drei-, Fl-, Schr-, D- _ _ _   b) T-, Schr-, B-, Z-   _ _ _

c) Str-, B-, H-, R-, Pf- _ _ _   d) Ba-, B-, Fl-, T-, Spr-   _ _ _

e) Li-, Wet-, Ka-, Pa-   _ _ _   f) Ru-, Law-, Kant-, Le-_ _ _

Arnold Schmidt drehte den Gasgriff bis zum Anschlag nach unten.
Sein Herz hämmerte. Langsamer als befürchtet beschleunigte das
Mofa auf dem leichten Anstieg aus Kiotari hinaus.

10. Die Rose und der springende Hirsch **117**

Nach zehn Minuten Fahrt Richtung Süden verließen sie die Hauptstraße und brausten westwärts. Schmidt kannte die Strecke vom Vortag und stellte sich auf ein paar mühsame Steigungen ein. So schnell wie jetzt war er mit dem Mofa noch nie gefahren. Seine Augen begannen vom Fahrtwind zu tränen.

11. Fahrtwind **

Streichen Sie so rasch wie möglich alle Buchstaben, die nicht im Wort FAHRTWIND vorkommen:

HRZWADBNTRKUHWIANMDHTIALHAINWTIPROETHNIA
FWDNCABINHARTIMWHTUNDRAGLANDURTHEILNAHM
SHARFRICHTWANDKRIAHZHRAOVNALADINTIFAXHRAI

Um möglichst wenig Luftwiderstand zu bieten, beugten sie sich so weit wie möglich nach vorn. Da lösten sich zwei Tränen aus Schmidts Augenwinkeln, zogen kühle Spuren über die Wangen zu den Ohren und wurden sofort vom Wind getrocknet.

12. Schmidt *

Arnold Schmidts Aussehen wurde bisher nicht beschrieben. Dennoch haben Sie sich wahrscheinlich ein Bild von ihm gemacht. Wie sieht er Ihrer Vorstellung nach aus? Notieren Sie hier so viele Details wie möglich:

118   10. Die Rose und der springende Hirsch

Rosas Umarmung wurde immer dann fester, wenn es bergauf ging und die Geschwindigkeit dadurch deutlich sank. Gerade dann aber roch Schmidt ihr Parfum stärker, das sich mit dem Duft des wilden Wacholders vermischte, der hier überall wuchs.

13. Wilder Wacholder *

Finden Sie zu jedem Anfangsbuchstaben eine Pflanze:

A _____   B _____   C _____

D _____   E _____   F _____

G _____   H _____   I _____

J _____   K _____   L _____

M _____   N _____   O _____

P _____   Q _____   R _____

S _____   T _____   U _____

V _____   W _____   X _____

Y _____   Z _____

Immer wieder wurden sie von bunten Kleinwagen überholt, auf deren Heckfenstern farbenfrohe Logos von Mietautofirmen klebten. Dazwischen, vereinzelt, die wuchtigen Pick-ups der Einheimischen. »Schneller!«, rief Rosa. Sie legten sich mit 60 km/h in eine unübersichtliche Linkskurve, die Schmidt normalerweise nicht mit mehr als 40 km/h gefahren wäre. Dahinter überquerte eine Ziegenherde gemächlich die Fahrbahn.

10. Die Rose und der springende Hirsch

14. Ziegenherde *

Schmidts linker Daumen schnellte zur Hupe. In voller Fahrt schlängelte sich das Mofa zwischen den Tieren hindurch, die meckernd auseinander stoben.

Zeichnen Sie so rasch wie möglich den Weg von A nach B ein. Eine von einer Ziege blockierte Stelle ist nicht passierbar:

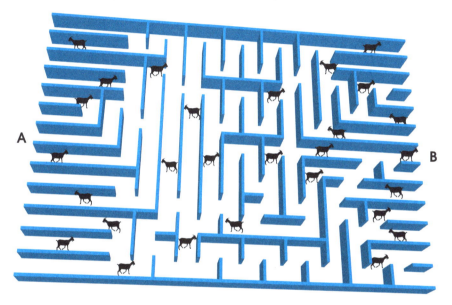

Augenblicke später sah er die Ziegen und den lautstark schimpfenden Hirten nur mehr im Rückspiegel. Rosa lachte aus vollem Hals. Sie drehte sich halb um und winkte dem Hirten.

15. Der Hirte *

Welches der fünf Wörter passt nicht zu den übrigen?

a)	Hirte	Polizist	Wächter	Hund	Jäger
b)	Ziege	Gans	Kuh	Katze	Hahn
c)	Spiegel	Sofa	Fenster	Flasche	Glühbirne

120 10. Die Rose und der springende Hirsch

Danach schmiegte sie sich wieder an Schmidts Rücken und fragte ihn, ob er schon einmal etwas wirklich Wertvolles gestohlen habe. Sowohl vom Inhalt der Frage verblüfft als auch von Rosas Kaltblütigkeit, unmittelbar nach den gerade überstandenen Schrecksekunden eine solche Frage zu stellen, ging Schmidt vom Gas, doch Rosa forderte ihn gleich wieder auf, schneller zu fahren. Da spürte Schmidt, wie sich Widerwille gegen diese Frau in ihm zu regen begann.

16. Widerwille ***

Finden Sie mindestens sechs zusammengesetzte deutsche Hauptwörter, deren erster und zweiter Wortteil jeweils mit den gleichen zwei Buchstaben beginnt, wie z. B. Widerwille.

_____

_____

Der Zeiger der Tankuhr war in den roten Bereich gesunken. Im nächsten Ort würde er tanken müssen. Apolakkia lag etwa drei Kilometer vor ihnen. »Weshalb musst du so schnell zum Fourni-Strand?« Er wollte endlich verstehen, warum er mit so halsbrecherischer Geschwindigkeit durch Rhodos raste.

17. Rhodos ***

Schmidt wusste, dass sich der Name »Rhodos« vom altgriechischen Wort für Rose ableitete. Plötzlich überkamen ihn Zweifel, ob die Frau hinter ihm tatsächlich Rosa hieß.

Wie gelangen Sie mit drei Zwischenschritten (sinnvollen deutschen Hauptwörtern) vom Wort ROSA zum Wort BART, wobei Sie pro Schritt nur einen Buchstaben ändern?

ROSA   1._____   2._____   3._____   BART

10. Die Rose und der springende Hirsch   **121**

»Wie heißen eigentlich die beiden Frauen auf dem Schlauchboot?«
Schmidt versuchte, harmlos interessiert zu klingen.
»Leila und Magenta«, erwiderte Rosa. »Ich will vor den beiden am
Fourni-Strand sein. Ich will die Wette gewinnen. Gib Gas!«
Doch jetzt waren sie an der Tankstelle von Apolakkia angelangt.
Schmidt hielt neben einer Zapfsäule und stellte den Motor ab.

18. Apolakkia **

Am Vortag hatte er die etwas abseits des Ortes gelegene mittelalterliche Kirche des heiligen Georgios Wardas besichtigt und die
Fresken aus dem 13. Jahrhundert bewundert.

*Bilden Sie nun pro Zeile einen Satz aus jeweils mindestens vier Wor-
ten, die nur mit den links angeführten Buchstaben beginnen:*

G: _____

E: _____

O: _____

R: _____

G: _____

»Was soll das?« Wutentbrannt sprang Rosa vom Mofa und schlug
mit der flachen Hand so heftig auf den Sitz, dass sich der Tankwart
erschrocken zu ihr umdrehte.
»Der Tank ist leer.« Schmidt stieg ab, klappte den Sitz nach vorne
und öffnete den Tankdeckel. Rosa war schon zur Straße gelaufen
und versuchte hektisch ein Auto anzuhalten. Er schaute ihr dabei
zu. Der mythische Zauber, den sie am Strand verbreitet hatte, war
verflogen. Als er beim Tankwart zahlte, sah er, wie vor Rosa gerade
ein silbergrauer Pick-up anhielt.

122   10. Die Rose und der springende Hirsch

Die Seitenwand der Ladefläche zierte das Bild eines springenden Hirschen, des Wappentiers von Rhodos. Rosa sprach kurz mit dem Fahrer, stieg ein und der Wagen raste mit quietschenden Reifen davon. Arnold Schmidt schaute ihm lange nach. Dann fuhr er ohne Eile nach Prassonisi an die Südspitze der Insel, um ein Surfbrett zu leihen und sich im böigen Westwind auszutoben.

Lösungen

3. Aphrodite: a) Zeus. b) Hera. c) Ares.

4. Die Sonne: 2928 : 366 = durchschnittlich 8 Sonnenstunden pro Tag.

5. Rosa: z. B. Rheuma, Omnibus, Salto, Altar.

6. Mofa: Das O wegen der geschlossenen Gestalt oder das S wegen des Richtungswechsels.

7. Das Meer: z. B. warm, matt, treu, sauer, stur, starr.

8. Monolithos: A.

9. Tankuhr: 5 : 1,25 = 4; 100 : 4 = 25; d. h. 5 km vor Monolithos.

10. Dreiecke: a) ECK. b) ANK. c) AND. d) UCH. e) TER. f) INE.

11. Fahrtwind
HRZWAD**B**NTR**K**U**H**WIAN**M**DHTIALHAINWTI**PROE**THNIA
FWDN**C**A**B**INHARTI**M**WHTUNDRAGLANDURTHE**I**LNAHM
SHARFRICHTWAND**K**RIAHZHRA**O**VNALADINTIFA**X**HRAI

13. Wilder Wacholder: z. B. Arnika, Baldrian, Chili, Dill, Erbse, Farn, Gingko, Hafer, Iris, Jasmin, Kohl, Lilie, Mohn, Nelke, Oregano, Palme, Quitte, Raps, Salbei, Tulpe, Ulme, Veilchen, Wegerich, X (haben Sie eine Pflanze zu diesem Buchstaben gefunden?), Yucca-Palme, Zeder.

15. Der Hirte: a) Hund. b) Hahn (kein weibliches Tier). c) Sofa (ohne Glas).

16. Widerwille: z. B. Kaffeekanne, Schuhschachtel, Herrenhemd, Liebeslied, Gedankengebäude, Vertrauensverlust.

17. Rhodos: ROSA – ROST – RAST – BAST – BART.

18. Apolakkia: z. B. Gib Gabi gelbe Gläser! Er erbte elf Esel. Olga operierte Olavs Opa. Ralfs Rüde riss Rehe. Gert genoss Gerdas Gedicht.

Lebensstil und Gehirnleistung

Die Leistungsfähigkeit des Gehirns lässt sich durch abwechslungsreiche Herausforderungen (z. B. Trainingsbücher oder in den Alltag integrierte Übungen, siehe »Aktivurlaub fürs Gehirn. Knobel-Reisen in 10 Städte«) hervorragend anregen. Gleichzeitig verbessern Sie die Funktionstüchtigkeit Ihres Gehirns auch dadurch beträchtlich, wenn Sie auf einen förderlichen Lebensstil achten:

1. Bewegung

Zahlreiche Forschungsergebnisse belegen, dass körperliche Bewegung die geistige Fitness wesentlich unterstützt und hilft, geistigen Abbauerscheinungen vorzubeugen. Bewegung bringt auch den Blutkreislauf in Schwung. Dadurch werden sowohl mehr Sauerstoff als auch mit der Nahrung aufgenommene Nährstoffe zum Gehirn transportiert. Meine Empfehlung: Zwei bis drei Mal pro Woche (Ihrem Gesundheitszustand angemessene) körperliche Aktivitäten im Ausmaß von mindestens einer halben Stunde machen, Ihrem Körper und Ihrem Verstand zuliebe.

2. Schlafen

Ein ausgeruhtes Gehirn ist viel leistungsfähiger als ein unausgeschlafenes. Achten Sie darauf, ausreichend (aber nicht übermäßig) zu schlafen. Sie können die Schlafumstände optimieren, indem Sie den Raum vorher gut lüften, eine gute Matratze verwenden und den Raum nicht überheizen. Entspannungsübungen wie Autogenes Training oder Muskelentspannung nach Jacobsen können helfen, besser ein- und durchzuschlafen. Schwierigere Schlafprobleme sind oft auf besonders belastende Lebensumstände zurückzuführen und mit psychologischer Unterstützung gut in den Griff zu bekom-

124 Lebensstil und Gehirnleistung

men. Bei schweren Schlafstörungen wenden Sie sich am besten an einen Arzt Ihres Vertrauens.

3. Sauerstoff

Eine gut gelüftete Wohnung und Spaziergänge in frischer Luft verbessern die Sauerstoffversorgung des Gehirns und erhöhen seine Leistungsfähigkeit.

4. Trinken

Ausreichende Flüssigkeitszufuhr optimiert den Blutfluss in den Gefäßen und dadurch die Versorgung des Gehirns mit Vitalstoffen, Salzen und Mineralien sowie den Abtransport von Schadstoffen. Trinken Sie daher (wenn vom Arzt nicht anders verordnet) über den Tag verteilt mindestens 1,5 bis 2 Liter Flüssigkeit, z. B. (Mineral)Wasser, Fruchtsäfte (gemischt mit Wasser) oder Milch. Vermeiden Sie entwässernde Getränke wie Kaffee und Alkohol.

5. Ernährung

Unser Gehirn braucht für seine Funktionstüchtigkeit Nährstoffe, die ihm über den Blutkreislauf zugeführt werden. Diese Nährstoffe müssen zunächst mit der Nahrung aufgenommen werden. Daher ist eine ausgewogene, gesunde Ernährung für ein gutes Funktionieren unseres Gehirns sehr wichtig. Essen Sie am besten in Ruhe und langsam, öfter kleine Mahlzeiten statt viel auf einmal und bereiten Sie die Speisen nährstoffschonend zu. Folgende Nährstoffe tun Ihrem Gehirn besonders gut:

a. Zusammengesetzte Kohlenhydrate

Sie sind z. B. enthalten in Vollkornbrot, Hafer, Gerste, Dinkel, Roggen, Weizen, ungesüßtem Müsli, Naturreis, Gemüse und Obst.

Lebensstil und Gehirnleistung

b. Eiweiß

»Essenzielle« Aminosäuren braucht das Gehirn für den Aufbau von Botenstoffen, welche die Kommunikation zwischen den Gehirnzellen ermöglichen. Hervorragende Eiweiß-Lieferanten sind z. B. Fisch, mageres Fleisch, Eier, fettreduzierte Milchprodukte, Sojabohnen, Erdnüsse, Sesam und Linsen.

c. Ungesättigte Fettsäuren

Sie verbessern den Informationsfluss im Gehirn. Enthalten sind sie z. B. in Fisch (Lachs, Makrele, Hering, Tunfisch), Öl (Rapsöl, Maiskeimöl, Erdnussöl, Distelöl, Traubenkernöl, Sojaöl), Walnüssen, Spinat und Linsen.

d. Vitamine

Vor allem die B-Vitamine steigern die Leistungsfähigkeit des Gehirns. Sie sind enthalten z. B. in Vollkornprodukten, Hülsenfrüchten, Nüssen, Weizenkeimen, Fischen, Fleisch, Spinat, Salat, Getreide, Tomaten und Gurken.

e. Mineralstoffe

Eine ausgewogene Ernährung enthält auch ausreichend Mineralstoffe. Für das Gehirn wesentlich sind besonders Eisen, Jod und Zink.

f. Lecithin

Lecithin verbessert die Kommunikation der Nervenzellen miteinander und ist in Eidotter, Hefe, Soja, Weizenkeimen, Haferflocken, Fleisch und Fisch enthalten.

6. Eine gute Balance zwischen Über- und Unterforderung

Schützen Sie sich vor allzu viel Stress (übervoller Terminkalender, Mehrfachbelastungen), indem Sie Termine maßvoll planen, sich realistische Ziele setzen, Pausen einlegen und auch mal »Nein« sagen.

Vermeiden Sie andererseits Langeweile, indem Sie aktiv bleiben (z. B. durch soziale Kontakte und Abwechslung im Leben, Theater- und Museumsbesuche u. a.). Eine ausgewogene Balance von

Aktiv- und Entspannungs-
phasen bietet dem Gehirn
sowohl Anregung und Stimu-
lation als auch die Möglichkeit
zu Regeneration und Erho-
lung.

Ihr Lebensstil beeinflusst nach-
haltig die Leistungsfähigkeit
Ihres Gehirns. Nehmen Sie sich
ein paar Minuten Zeit, um
darüber nachzudenken, wie Sie
mit Ihrem Gehirn umgehen. Es
lohnt sich!

Literaturtipps

Antonia Croy und Gerald
Gatterer (2000): **Nimm
Dir Zeit für Opa und Oma.**
Gedächtnisübungen für
ältere Menschen.
Wien.

Gerald Gatterer und Antonia
Croy (2003): **Geistig fit ins
Alter.** Neue Gedächtnis-
übungen für ältere Men-
schen. Wien.

Gerald Gatterer und Antonia
Croy (2004): **Geistig fit ins
Alter 2.** Neue Gedächtnis-
übungen. Wien.

Gerald Gatterer und Antonia
Croy (2006): **Geistig fit ins
Alter 3.** Neue Gedächtnisübungen für ältere Men-
schen. Wien.

Roland Geisselhart und
Manuela Bürger (2006):
Gedächtnis Trainer.
Planegg.

Lawrence C. Katz und Manning
Rubin (2001): **Neurobics.** Fit
im Kopf. München.

Ingrid Kiefer und Udo Zifko
(2006): **Brainfood.** Fit im
Kopf durch richtige Ernährung. Leoben.

Ingrid Kiefer, Sonja Skof und
Werner Schwarz (2006): **Fit
im Kopf für Kinder und
Jugendliche.** Richtig essen –
richtig lernen – richtig spie-
len. Leoben.

Martin Oberbauer (2005):
Abenteuer Gedächtnis.
München.

Martin Oberbauer (2005):
Power-Walking fürs Gehirn.
München.

Martin Oberbauer (2008):
**Aktivurlaub fürs Gehirn.
Knobel-Reisen in 10 Städte.
Mit 150 Trainingsaufgaben.**
München.

Über den Autor

© Michael Weinwurm

Martin Oberbauer, Psychologe und Gedächtnistrainer, wurde in jenem Jahr geboren, als Dr. Christiaan Barnard in Kapstadt die erste Herztransplantation durchführte und Elvis Presley in Las Vegas Priscilla Beaulieu heiratete.

Sein Geburtsort liegt auf 48,8° geografischer Breite und 15,3° geografischer Länge in einer Gegend im Osten Österreichs, die »Waldviertel« genannt wird.

Nach Abschluss seines Studiums in der Stadt der Psychoanalyse, des Heurigen und des Walzers blieb er dort und entwickelt seit mehr als zehn Jahren wirkungsvolle Gedächtnistrainings, die spielerisch und kurzweilig die geistige Fitness steigern. In Seminaren und Vorträgen zeigt er, wie wichtig ein förderlicher Lebensstil für die Funktionstüchtigkeit des Gehirns ist, gibt Hinweise für die Anregung der geistigen Fähigkeiten im Alltag und vermittelt Memo-Techniken zur effizienten Verbesserung der Gedächtnisleistung.

Ein wesentlicher Schwerpunkt seiner Arbeit in den letzten Jahren liegt auf der Vorbeugung von Demenzerkrankungen.

Kontakt: martin.oberbauer@telering.at

Martin Oberbauer
Abenteuer Gedächtnis (CD)

Gehirnjogging als spannende Abenteuergeschichte zum Hören

Ein Ort in den Bergen, eine Burg, ein dunkles Geheimnis: Eine packende Spurensuche, bei der sich das Geheimnis spielerisch mit Konzentration, Gedächtnis und Vorstellungskraft lüften lässt.

1 CD, ISBN 978-3-7844-4153-5. Gesprochen von Jo Brauner

LangenMüller | Hörbuch

Martin Oberbauer
Power-Walking fürs Gehirn

Ein kompaktes, unterhaltsames Gehirntraining für alle Altersgruppen ab 14 Jahren

Trainieren Sie die zentralen geistigen Grundkompetenzen: Sprach- und Lesegewandtheit, Alltagsmathematik, Problemlösungsfähigkeit. Mit vielen Übungen und praxiserprobten Profi-Tipps.

208 S. mit Abb., ISBN 978-3-7766-5011-2

Lesetipp

HERBIG
WWW.HERBIG.NET

Martin Oberbauer
Knobel-Reisen in 10 Städte

Spielerisch und kurzweilig die geistige Fitness steigern

Von Wien bis Lissabon – eine unterhaltsame Reise im Kopf: Der Gedächtnistrainer verknüpft originelle Reisegeschichten mit 150 abwechslungsreichen, praxiserprobten Trainingsaufgaben.

128 S. mit Abb., ISBN 978-3-7766-2562-2
Aktivurlaub fürs Gehirn

Lesetipp

HERBIG
WWW.HERBIG.NET